世界未来基金会
深圳大学新加坡研究中心
顶针智库

新加坡熔铸共同价值观：
"移民国家"的立国之本

李路曲 著
肖 榕

新加坡国家治理体系和治理能力现代化丛书 编委会

总编 刘鹏辉 执行主编 吕元礼
编委（以姓氏笔画为序）
冯仑 吕元礼 刘鹏辉 张万坤 陆波 黄隽青

CS 湖南人民出版社 博集天卷
CS-BOOKY

"新加坡国家治理体系与治理能力现代化丛书"
总序

　　人类已迈入新世纪，中国正经历着以习近平为总书记的党中央领导下的意义久远的深刻变革。这场变革以"人民的福祉"为愿景，以"国家治理体系与治理能力现代化"为总目标，以"制度创新"为主要特征，其深度、广度与难度，均超越中国两千余年封建历史长河中的任何一次改革，其对中华民族乃至世界文明的发展都有着无法估量的价值！

　　回首往事，在过去的100余年里，为建设一个富强、民主、法治、公正与文明的现代化中国，我们的祖国经历了戊戌变法、辛亥革命、五四运动、新中国的创立、"文化大革命"与改革开放；我们的人民进行着一次又一次不屈不挠的艰难的思想探索与体制重塑。直到20世纪末叶，中国人民终于找到了适合自己特点的发展道路——有中国特色的社会主义现代化道路。

　　今天，坚冰已经打破，方向已经明了，摆在我们面前的重要任务，就是通过一个个具体的国家治理体系与治理能力的现代化建构，来铺就通向美好愿景的坚实大道。如果说改革开放初期我们的重任是思想解放的话，时至今日，36年的改革开放事业，奠定了浓厚的思想解放的氛围与雄厚的经济基础，同时，也要求我们必须将改革引向"深水区"，进行深入而全面的"制度创新"，实现"国家治理体系与治理能力现代化"，这正是十八届三中全会提出的全面深化改革的总目标。早在2012年11月17日的十八届中共中央政治局第一次集体学习中，习近平主席在讲话中就指出"我们要坚持以实践基础上的理论创新推动制度创新，坚持和完善现有制度，从实际出发，及时制定一些新的制度，构建系统完备、科学规范、运行有效的制度体系"。当前我国正在进行的"全面深化改革"的一系列举措，正是顺应了这一历史的必然。

毋庸置疑，中国共产党领导中国人民所进行的改革开放事业，既是一次深刻的思想解放运动，更是一个伟大的制度建设的过程。小平同志早在20世纪70年代，在系统分析新中国成立以来党和国家工作上的失误的原因时就深刻指出："制度是决定因素。"江泽民同志在党的十四届四中全会上也明确指出："注重制度建设，是这次全会决定的一个重要指导思想，制度建设更带有根本性、全局性、稳定性和长期性。"

自有人类历史以来就有制度的存在，制度文明已成为当今世界各国综合国力竞争的主要内容和标志。

随着党的十八大的召开，特别是三中全会以来，对"依宪治国，依法治国"理念的强调，标志着中国改革开放的历史进程翻开了崭新的一页！世界经济全球化与政治多元化的步伐进一步加快，更加要求我们深入了解和掌握国际社会的各种运行机制，及早具备卓有成效的、具有国际先进水平的现代化的国家治理体系与治理能力，这在很大程度上关系着改革开放事业的成败。

历史证明，一个国家不管历史多么漫长，文明多么悠久，不论在制度建设还是在其他各个领域，单方面依靠自然发展是远远不够的。在自我完善、自我创新的同时，必须借鉴和学习其他民族与国家的优秀经验。制度文明是人类智慧的共同结晶。只要我们本着为我所用的方针，对外国的东西进行认真的鉴别与分析，密切结合中国的特点，切实解决中国的问题，不邯郸学步、失其故步，是可以做到"洋为中用"的。

新加坡承中华文明之血脉，汲西方文化之养分，融现代法治之精神、民主之理念，营建了不同种族、不同文化、不同阶层、人与自然、人与人之间的"新加坡模式"的"和谐社会"。尽管新加坡是个小国，新加坡模式并不是尽善尽美，我们不可照搬照抄，但其结合了长期增长、政治稳定与传统价值的成长经验，是提升中国国家治理体系与能力的重要参考。新加坡经验是中国各级官员高度认可并认真学习的榜样，特别是其执政党人民行动党通过议会制度与政府行政制度，把"为民服务"的宗旨与"以民为本"的理念，有效地落实在执政能力上的经验，尤其值得中国共产党借鉴。

当前，建立一个高效、廉洁、公正的国家治理体系，正是中国共产党实现中华民族伟大复兴面临的艰巨任务。

　　"国家兴亡，匹夫有责。"正是出于这种对民族与国家的责任感和使命感，"顶针智库"在世界未来发展基金会鼎力襄助下，历时有年，编纂了"新加坡国家治理体系与治理能力现代化丛书"，于2015年初春时节付梓。该丛书的作者有新加坡的前国会议员、行政官员，也有新加坡研究领域的专家与学者。丛书既有作者大量的切身体会与经验，又有专业的理论深度与水平，对我国现阶段的国家治理体系与能力现代化的改革，有着极强的实用性和操作性，希冀本丛书能够为探索我国政治体制改革的对策与方案，提供有益的参考与借鉴。

顶针智库

刘鹏辉　博士

2015年4月8日

长期执政靠什么

我去新加坡之前一直有一个疑问：新加坡人民行动党长期一党执政，但是每过五年社会上就有公开的选举，这究竟是一个民主体制还是一个集权体制？带着这样的疑问，我到新加坡访问了人民行动党中央委员会，终于揭开谜底，并找到了以下几个问题的答案：人民行动党是依靠什么长期执政，又是怎样长期执政的？今后是否会永久执政？

一

新加坡有600多万人，人口虽然不算很多，但是一党长期执政，毕竟需要大量的执政资源、社会资源。我去之前心里想，这么一个拥有几万党员的执政党的党中央，怎么都得有一座大楼。去了一看只有一座三层小楼，还得从最靠边的门进去，拐好多弯才到了接待的地方。负责接待的老先生告诉我们，这就是人民行动党的党中央，一共有12个人，办公面积不到两百平方米，还是租的别人的地儿。这样一个执政50年，被外界认为高度有效、集权威权的领袖和政党，怎么就这么点儿人呢？它靠什么执政呢？

老先生是人民行动党的日常接待人员，相当于咱们副秘书长的日常值班。他说，人民行动党不是通过武装暴力夺权，也不是靠宫廷政变，而是通过选举上台的。也就是说，它从第一天获得政权，就是依托民意。李光耀开始就是一名律师，带领一帮律师从事工人运动、工会运动，后来通过参加选举，使自己的政党取得了执政地位。

另外，相比其他政党，人民行动党的创建者如李光耀等人，都是受过良好教育的知识分子。李光耀夫妇都是学法律的，毕业于剑桥大学，其他创始人也大多在新加坡以外的地方受过很好的教育。这与历史上其他高度集权倾向体制国家的领导人非常不同，那些长期执政的领导人大多文化水平不高，从事武装斗争，要么是军人，要么是农民，要么是小知识分子。

新加坡的李光耀取得政权的起点是参加选举，创立的体制类似于英国的君主立宪制，有一个虚君，虚君在新加坡就是总统。在选举中获得多数议席的政党可以组成政府，由政府管理社会，政府内阁所有部长都是由执政党党员担任的。也就是说，你要成为部长，前提是你要被选为议员，而议员必须是执政党党员。

李光耀当总理，包括现在李显龙当总理，都要经过这样的选举程序，所有的部长也都是打过选战的。五年一选，相当于每过五年人民就要对他们进行考试，考试及格了，人民行动党就得到了议会多数议席，那就继续执政。至于连续几届没有限制，可以一直执政。另外，如果总理让你做部长，只要选举成功你就可以做，如果选不上那你就退休。

有一天晚上，我跟一名在去年的选战中失败的人民行动党前议员交谈。在他那个集选区，人民行动党提出五个人参加竞选，反对党也提出五个人，如果赢了这五个人都当选，输了就都落选。他们去年在那个集选区惨败，没能当选，这在人民行动党内部算是一个重大挫折。之后他就不做部长了，出来到社会上工作。

二

人民行动党人很少，大量选举工作怎么进行呢？

第一，不是靠军队。人民行动党没有军队，因为军队是国家的武装力量，而不是党的武装力量。新加坡军人是不能参加政党的，除非你是国防部长，人民行动党执政了要派你当部长，那么你可以参加政党，而部长以下的次长（就是比副部长更低的事务类公务员）都不能参加政党。这是沿用的英国体制。

第二，也不是靠企业。新加坡的淡马锡是政府的主权基金，相当于国有企业，也是最大的国有投资公司，与GIC（新加坡政府投资公司）是两个最大的政府基金，但它们不属于政党。这两个庞大的企业属于政府，是内阁管理的一部分，它们的部分盈余纳入国家储备金，同时由总统管理，而总统并不一定是人民行动党党员。所以，人民行动党的竞选不是靠企业或者金钱。

人民行动党没有军队，也没有企业，为什么每次选举都能赢呢？我发现，靠两点，这两点其实在中国经常讲到，新加坡人民行动党做得很好。

第一是密切联系民众。人民行动党内的议员、部长每周四或周五都要在自己的选区接待老百姓，从上午八点开始，有时候会接待到深夜一点。选区里家长里短、鸡毛蒜皮的事多了，但是这种接待一做就是50年。我有一个朋友是议员，我去看过他的接待，他真是跟每个人都熟，啥事都知道。每个选区就这么几万人，群众有什么事都找议员说，而议员就在竞选的时候拜托大家选他，靠他替大家办事。

据说李显龙也会来接待，这里有政党的一个小活动室。议员做接待时，大概有三分之一的小事调解调解就可以解决，更多时候需要指导群众循着法律途径去解决，还有一些问题不一定能够解决，那就安慰他们，跟他们沟通，帮他们出主意。新加坡的议员一般在自己的选区有两万到三万人需要接待，每次接待都有八百多人。议员就摆一张桌子来聊，这个问题聊一会儿，那个问题聊一会儿，也靠这个来听取民意。

第二就是全心全意为选民服务。人民行动党办了两件重要的事，第一是办了专门照顾儿童的公益基金，在社区创办低收费的幼儿园。这种基金是大家捐钱办的，与政党的基金没关系，属于公益组织。

另外，人民行动党举办很多工会活动。在新加坡，工会是自由的独立组织。李光耀就是做工会起家的，他曾经对工会承诺：你们要的东西，一旦我执政都可以给你们。在这50年里，他践行了承诺，比如帮助工会支持工友充分就业，为工友提供生活保障等，与工会之间的互动一直很有信誉。工会里有一种平价卖场，就像咱们的合作社，那里的粮食、油等都是最便宜的，这也得到了人民行动党的支持。另外，工会还办了保险公司，为工友解决寿险、保险问题。人民行动党为工会办了这么多实事，工会可以让工人们投票给人民行动党，这是一种良性机制。

还有就是凭业绩。就像王石，他在万科没有什么股份，但是他做董事长快三十年了，董事会为什么选他呢？因为他有业绩，不断的业绩累积使人们更信赖他。新加坡人民行动党就是通过组织精英的团队和建立高效的政府，形成有效的制度体系。我们看到，那些竞选议员的人都是精英，当选后才能做部长。同时，新加坡有设计得很好的国家治理制度，人民行动党执政后又不断完善这些制度，这样下次选举时就很容易成功了。新加坡50年创造的业绩有：人均GDP全世界排第三，营商环境全世界排第一，新加坡政府还是全世界最廉洁的政府之一。人民行动党的这张成绩单，在它执政27年的时候大家就看到了，所以后来又让它执政23年。

所以说，一个政党的长期执政是可以不靠暴力、谎言、威胁和强制的。人民行动党会不会永久执政呢？新加坡的议员和部长说不会，比如最近这次补选，人民行动党又失败了，那就让别人上，作为反对党的工人党就很强势地来了。

人民行动党取得了这么好的成绩，在2011年的大选中得到的公众支持率却降到历史最低，所以他们非常有危机感。他们发现，现在的年轻人与执政的议员年龄差距很大，语言系统完全不一样，思维模式也不一样，这是造成现在支持率降低的原因。于是，崔宪来部长等人非常谦卑地去跟年轻人对话，倾听他们的意见，希望在下次选举中赢回年轻人的心。

他们不认为自己可以永久执政，而认为应该不断适应挑战，赢得选民的心，只有这样才有可能长期执政。如果有一天人民行动党做得不够好，或者已经做得很好，很难更好了，而人们希望更好的愿望是不变的，有可能想换换口味，那么工人党就上去试试，人民行动党可能就下台了。

三

再说说执政党的经费和待遇。党中央这12个人花多少钱呢？党中央一年的经费将近500万新元，包括房租、人员薪资，还有一笔预算就是接待，比如我们去了，给我们一瓶水喝，这都得纳入预算。那么钱从哪儿来呢？党费只有一点点，更多是靠议员、部长，他们捐出自己三分之一的收入，大概有两三百万新元，加上党费大概500万新元。党中央的部长都没有公车，从家到办公室得开自己的车。

做部长比一般人有没有更多的经济利益呢？没有。他们应该就是为选民服务。我以前也听说，新加坡部长的薪资是一两百万新元，所谓高薪养廉，但是要知道这是裸薪，以后是没有退休工资的，如果你不当部长了就一分钱都没有，另外也不会管你的用车和看病。这有点像明星拿片酬，片酬之外都靠自己打理。这样算来，部长们的薪资不算高。他们都是名校毕业的精英，比如同是剑桥毕业，在私人公司工作的同学一年拿一百万新元，当部长的话却只有七十万，这就叫机会成本。因为你是为社会大众服务，所以你要减少三分之一，从这个角度来讲，部长真是做奉献。再对比香港的公务员，虽然他们名义工资很低，但是退休以后的二三十年国家都会管。所以按劳动力市场的标准算，当新加坡的部长应该是市价的七折。如果以后不当部长了，他们可以去做公司，相当于咱们国企控股的那种，也可以在私人公司当董事，还可以自己去做生意。因为部长是裸薪，以后还得养活自己。

在新加坡的公务员体系中，部长以上的可以参加政党，而常任秘书（即相当于常务副部长）以下的公务员不参加政党。参照英国的体制，公务员、军人、警察中的事务类人员都不参加政党，只有政务类的部长、副部长参加政党。如果以后工人党竞选成功，可以把部长换成工人党党员。

新加坡人民行动党的入党程序不是多么严格。比如某次选举过后，发现某个年轻人不错，就会说服他参加人民行动党。他入党后就开始接受培养，通过一套很严格的面试体系，包括心理测试，最后一关就是代表人民行动党出来竞选，选上了就当部长，选不上就该干吗干吗。一些人年轻时被选中加入人民行动党，但是后来放弃政党，如果后来选上公务员了，可以再做一次审核。专业团队不需要什么倾向，就如公司员工不需要代表各自的股东，否则公司就乱套了；对于一个执行团队，事务类以下的全部是非党，属于职业技术官僚。

偶尔走进新加坡人民行动党的党中央，我发现世界上的华人地区还有这么一个政党，通过选举掌握政权，通过吸纳民意来为选民服务，凭借精英团队和良好业绩长期执政，而且不以永久执政为目的。

在中国，共产党的执政让中国经济有了30多年的盛景，也很成功，但是在现在的社会转型中也面临很多挑战，面临未来中国社会如何整合社会政治资源，从而创设更好的国家治理形式的问题。新加坡人民行动党创造的经济和社会发展模式，可以带来很多参考，这也算是我这次旅行的意外收获。

世界未来基金会

冯 仑

2015年4月8日

目录
CONTENTS

记得笔者5年前去新加坡参加一个学术会议时，正值新加坡44周年国庆，当年的庆典节目中有一项颇具创意，就是在国庆日当晚，全国各角落拉响警报，呼吁新加坡人一起宣读信约，这个场景至今令我印象深刻。有些人不以为意：新加坡的学生们不是在每个上课日都念信约吗？为什么还要在国庆日号召全民念信约？笔者不直接回答这个问题，或许新加坡《联合早报》2012年3月1日的一则报道能给出一个颇值得玩味的答案。那则报道提到，2007年至2011年，每年平均有1200个公民放弃新加坡国籍，其中300人是新移民。根据新加坡统计局的人口趋势报告，这些人移民的原因各不相同，但可以肯定的是，其中一部分就是要换一个新的生活环境，也就是说，可能他们对新加坡的认同感还不够高。

无论是在从传统社会向现代社会转变的时代，还是在当今全球化和文化冲突的时代，国民对国家的认同正变得日益重要。前者是在民族国家形成的时代，国家认同是现代化进程不可或缺的构成因素和必然选择；后者是在纷繁多变的世界中如何看待和把握国家认同，以保持民族自豪感和国家凝聚力的问题。

国家认同感是人们对自己的国家成员身份的认知和接受，解决一个"我是谁"的归属确认。[①]美国著名政治学家布莱克提出："现代社会高度依赖它的公民的各种形式的承认与合作，国家的结构在很大程度上取决于它获得这种承认的能力。"[②]可以说，国民认同自己的国家是现代国家的一个重要表征，也是国家治理现代化的一个重要指标。

新加坡开埠不过200年（其中受殖民统治历史就长达140年），但就是这么一个名不见经传、资源贫乏、经济腹地很小的城市国家，在独立的短短50年间，一跃成为先进工业国，创造了物质文明建设与精神文明建设的双重奇迹，被誉为东亚现代文明的典范。在我国改革开放初期，邓小平就提出要借鉴新加坡经验。那么，新加坡到底有什么"秘诀"让我们改革开放的总设计师念念不忘？在笔者看来，新加坡的权威政治、民主法治、经济模式、社会管理、生态城市建设和共同价值观等都是鱼尾狮身上闪闪发亮的耀眼鳞片，但最耀眼的当是在凝聚国民共识方面值得称道的共同价值观。

新加坡国家认同的推进并不是一帆风顺的，它受到历史的、现实的和各种外来的因素的影响。作为典型的移民社会，新加坡的国民成分复杂，具有多种族、多语言、多文化、多宗教的特点。同时，新加坡曾经被英国长期殖民，它的文化、经济和政治都有依附

①蔡水清：《新加坡培育青少年国家认同感的教育措施》，载《教育史研究》2009年第2期。
②[美]布莱克：《现代化的动力》，段小光译，第13页，成都：四川人民出版社，1988。

性，它的人口来自世界各地，有不同的文化背景，这些最初并不打算在此长期居住但最终留下来的移民构成了人口的多数。例如，来自中国、印度、马来半岛和印度尼西亚诸岛的民众，在很长一个时期内都保留和弘扬着他们各自种族的文化传统和宗教信仰，并从各自的文化和宗教中寻找着精神支柱，铸造着自己的价值观念，即使到建国以后的一个时期内，也没有完全褪去传统的乡土意识。在他们之间，由种族、宗教、风俗习惯和利益造成的人们之间的隔阂没有消除，民众仍然把新加坡作为谋生地，对国家的归属感很脆弱。无论哪一个种族，即使是在本地出生的这些移民的后代，也把自己内心的效忠给了他们想象中的祖国——华人效忠中国，马来人效忠马来亚，印度人效忠印度。正因为如此，当时"新加坡人"的认同是一片"空白"，国家认同感是分裂的。

这一时期，新加坡经济的组成部分主要是种植业、手工业和小规模的转口贸易，是半自然的半商品经济，转口贸易促进了按种族划分的劳动分工，在此基础上，殖民政府对各种族实行分而治之的政策。在种族分层最上层的是白人；其次是受英语教育的印度人，他们在殖民当局的低级官员中占有很大比重；最低级的差事，像邮差、士兵和警察中有一部分是马来人；华人则被排除在公务员队伍之外，他们广布于各个经济领域，大多数人从事低收入的各种手工业，还有一些人是苦力。也有少数华人经商，这一时期新加坡的商业主要是由华人和英国人经营的。这是一个等级化的多元社会，由于各种族之间很少往来，超越种族界限的越轨行为很难施展，因此各种族能保持相对和睦。在当时，"人民"是分属于各种族的，作为一个国家的"人民"的认同是不存在的，也是不可想象的。①

从1819年到1959年的140年的英国殖民主义的政治遗产中，"新加坡人"作为一个政治概念是不存在的。在这份遗产中，除了受殖民主义统治的耻辱外，还使当地的居民尤其是受英语教育的居民有了少量的对西方自由、民主、平等等价值的认识。另外，不可回避的地理因素也在起作用，文化与地理因素的交互影响使新加坡成了马来世界中一块华人占绝大多数的"飞地"。在"飞地"内部，由于受到来自外部的强大压力，更易形成一致的文化认同。

这些因素都对国家认同的产生起着潜移默化的阻碍或促进作用。在英国统治时期，由于它的统治延及马来亚和周围一些地区，因此"飞地"并没有在国家的层面上成为现实。一旦英国的殖民统治结束，这里的华人建立起自治政府，这块"飞地"就成为现实了，这时就需要构建一个特定的"国家"和它的"人民"以维持生存和发展。

1959年新加坡自治后，新加坡政府考虑到由于本国缺乏自然资源，市场狭小，在当时的环境下作为一个独立的政治实体很难生存下去，因而想与马来半岛联系在一起，以把马来半岛作为它的腹地、市场和资源供应地。因此，新加坡自治政府成立时就把马来语定为唯一的国语，为合并做准备。这一时期，新加坡人开始认同马来亚。1963年，合并虽然实现了，但却发生了激烈的政治冲突，两年后，新加坡被迫退出。这时，对于新加坡来说，就不得不着手构建一种新的自己国家的认同了。因此，新加坡在国家层面培养认

①李路曲：《新加坡现代化之路：进程、模式与文化选择》，第281页，北京：新华出版社，1996。

同，是从1965年独立后开始的。[1]

独立之后，新加坡向日本学习，实行了雄心勃勃的出口导向的工业化发展战略，并很快使经济发展起来，经济的成功、社会的稳定和生活水平的提高在新加坡人心中注入了一种种族自豪感，促进了国家认同。同时，面对构建一个"新国家"的任务，新政府采取远离利益集团的策略，疏远包括工会和华校学生在内的左翼利益集团。尽管这些集团是人民行动党在种族主义运动和大选中依赖的主要力量，但现在必须疏远他们，这可以使人民行动党成为不隶属于任何特殊利益集团的执政党。另外，政府还推行多元种族主义，通过这种策略划定了各种族的政治活动空间，致使各种族"安分守己"，难以走出国家的法律之外去要求特殊的政治权力。政府在种族关系中的这种中立地位，避免了任何种族和利益集团的特权。同样，新的国家和新的经济秩序的构建过程也是新型社会组织发展的过程。人们的日常生活受到那些为发展经济和加强国家认同而制定的政策的深刻影响，例如教育、语言、住房以及家庭模式。

自人民行动党政府上台执政以后，政府大力发展教育，深谙学校不应仅仅局限于传授科学技术知识，同时还应向受教育者反复灌输新的国家价值观和爱国主义的道理。在殖民制度下，除了少数英文学校由殖民当局提供经费外，大多数人受教育都要由各族群自己筹集经费和聘请教师。这种按种族的政治、文化和语言划分的母语学校所进行的国家认同的教育，效果是很不相同的。教师和教科书都要从他们的"祖国"引进，教科书的内容也很少涉及这个新的国

---

[1]李路曲：《新加坡现代化之路：进程、模式与文化选择》，第280页，北京：新华出版社，1996。

家。在20世纪60年代初，自治政府为了避免激化种族情绪，引发潜在的政治对抗，推行在各母语之间保持名义上平等的教育政策。不过，这时自治政府也开始力图构建一种新的国家教育体制，它制定了各语言学校共同的教学大纲和课程表，编写本地的教科书，培养本地的教师，制定统一的考试标准。通过这种统一的教育，在当地人民中建立起共同的政治、经济和社会的价值取向。在政治上，政府还规定了一些国家礼仪，例如，在中小学每周都要举行升旗仪式，在国歌声中，国旗缓缓升起，在孩子幼小的心灵中渐渐注入国家的神圣意识。还有向国家宣誓的仪式，最初用四种语言，现在统一用英语了。举行这些仪式都是为了不断地灌输国家认同。

1965年开始的政府建房计划不仅从根本上改变了新加坡人的居住结构，也使组屋成为灌输国家认同的场所。新加坡独立之时面临严重的住房短缺问题，政府为改善居民的住房而提出了由政府修建公共组屋的计划，开始大兴土木。这不仅可以较快地改善居住环境，而且也使政府成为组屋的管理者，在这里可以有效地灌输自己的国民教育计划。最初，居民们反对强行拆除他们已经住惯了的旧房和定居点，一度进行了抵制。然而到70年代初，这种有组织的抵制迁徙的斗争由于政府提供的公共组屋的条件明显好于过去的旧房，而自动瓦解了。应该看到，由于过去的村庄是按照种族居住的，这些定居点的拆除等于破坏了种族的据点和依附于此的文化实践，先申请先分配的原则和种族杂居的政策加速了这种分散过程，从而也加速了地方割据意识的破灭和国家意识的增强。由此可见，公共住房工程不仅给人们带来了巨大的居住环境的改变，而且也加强了民众对人民行动党和政府乃至国家的认同。

新加坡在现代化建设中取得良好的成绩后，人们在感情上给予了更多的认同，但这些认同具有本能的和容易移情的特点，要实现国家的政治认同，使国民从感情认同转变到认知认同上来，还必须做大量的工作。在新加坡"国家形成"的过程中，公共的和私人的、传统的和现代的、亚洲的和西方的、种族的和国家的这些相反的文化因素和价值取向的互动是其国家认同的最主要组成部分。1991年，新加坡政府经过国民反复讨论并经国会批准，发表了《共同价值观白皮书》，推出了旨在代表全体国民的"共同价值观"，意在使新加坡各种族、各阶层、不同宗教信仰的民众在国家层面上享有一种共同的价值观，使人民为共建这一价值观而努力。

"共同价值观"有五项基本内容：一、国家至上，社会优先；二、家庭为根，社会为本；三、社会关怀，尊重个人；四、协商共识，避免冲突；五、种族和谐，宗教宽容。

价值观是解读国家发展和国家发展理论的一个重要视角。价值观是"人们在实践中形成的对于价值、价值关系的一般看法和根本观点，是处理各种价值问题时所持有的比较稳定的立场、观点和态度的总和"[1]，是一种对社会生活的认识、理解以及社会关系的较理性的"是非判断"。它可以反映出社会精神氛围的风貌，反映出社会凝聚力的状况，并且为人们的社会行动提供动力和导向。国家的共同价值观是一个国家或种族在长期实践中形成的共有价值观念。共同价值观作为国家发展的推动力和国家发展理论或软实力中的重要部分，对一个国家选择适合自己的发展道路和制度可以提供

---

① 张洪昌：《论社会主义核心价值观》，载《云南社会科学》2008年第1期。

重要的文化基础和不可或缺的理论论证。如果在一个社会中缺乏整合这个社会或共同体的文化纽带，那么这个社会或共同体或者不能形成一个国家，或者是即使用强力建立了一个国家，在国家构建过程中也无法形成国家的价值或凝聚力，由此，轻则会使社会经济、文化、政治发展受到阻滞，重则导致整个国家、社会和种族的衰亡，正如马克思所说："如果从观念上来考察，那么一定的意识形态的解体足以使整个时代覆灭。"①

围绕着"共同价值观"，新加坡政府开展了一系列的宣传和教育。领导人率先垂范，人民群众广泛学习，经过多年的推广和国民的践行，共同价值观逐渐深入人心，并影响到其他国家和地区。可以说，新加坡作为世界上第一个由国家明确规范和政府推广国家价值观教育的国家，在国家建设中较为成功地协调了不同种族所固有的不同价值观的关系，增强了不同种族对新加坡的认同感。从社会层面上来说，国人生于斯，长于斯，死于斯，久而久之，自然在这片土地生根，也逐渐形成一些共同的"国民性"，随着国民意识的日渐加强，新加坡人对这片土地的认同感自然而然也增强了。

人们把新加坡人的认同史作为一个课题来研究，已经有30多年的历史了，虽然已经取得了不少的成果，但与其他有着悠久历史和深厚文化底蕴的国家相比，这个课题仍有待深入。但是我们看到，新加坡的"共同价值观"有两个特征，一是它的成功得益于政府的积极培育和民众的积极参与，在较短的时间里，新加坡人不再把自己看作"中国人""马来人"和"印度人"，从而使"新加坡"和

---

① 马克思、恩格斯：《马克思、恩格斯全集（第30卷）》，第539页，北京：人民出版社，1959。

"新加坡人"这两个概念名副其实，从人类历史来看，这并不容易。可以说，新加坡人如今这种对国家强烈的认同感，已经成为航行在茫茫大海中的"新加坡号"最重要的压舱石和指南针。

二是"共同价值观"的现代性较强。这是由于新加坡是一个开放的社会，较早地吸收了西方文化，并在其现代化发展的过程中对外来文化一直秉持开放的态度，兼容并蓄，尽管它并非不对这些外来的现代文化进行去粗取精的改造。尤其是，它还随着社会的发展，给传统的儒家文化和"共同价值观"赋予新的内涵，以与时俱进。

当然，新加坡并非不存在不同的观点，在不同时期都有人对人民行动党的一些政策和执政方式提出批评，也有反对党提出应该给反对党以更大的政治空间，还有一些知识分子移居海外。[①]但这些人数毕竟很少，并不代表主流的文化。尤其是人民行动党政府能够倾听他们的声音，一方面尽可能提供宽松的政治环境，提高自己的执政水平，另一方面也坚持理性原则，不轻易随波逐流，向民粹主义低头。这也说明"共同价值"在凝聚国民精神方面并不是万能的，仍有提升的空间。

共同价值观作为社会稳定的凝固剂和国民的精神名片，在新加坡的社会稳定与健康发展中发挥了不可估量的作用，这已经引起了我国学者和党政部门的高度关注。纵观世界，新加坡是构建与传播国家价值观最为成功的国家之一。当代中国正处于社会转型期，各

①据新加坡《联合早报》（2012年3月1日）报道，2007年至2011年，每年平均有1200个公民放弃新加坡国籍，其中300人是新移民。根据新加坡统计局的人口趋势报告，这些人移民的原因各不相同，但可以肯定，其中一部分就是要换一个新的生活环境。

种利益冲突、价值观念冲突的问题突显，因此，在大力建设社会主义核心价值观的背景下，如何通过借鉴他国有效的价值观教育经验来加强我国社会主义核心价值观教育，以增强我国的国家凝聚力，已成为我国亟待解决的现实问题。本书是关于新加坡共同价值观的素描，它探讨了新加坡构建共同价值观的背景、过程以及培育、践行共同价值观的经验和做法，以期提供可供我国借鉴的经验。

新加坡
熔铸共同价值观

第一章

共同价值观的萌芽

这些移民没有定居和扎根的打算，他们对新加坡有着强烈的"异乡观念"，挣钱回家和叶落归根是普遍的心态，他们对新加坡的认同感非常低。

第一节
社会情势的变化

移民社会

2014年5月15日是第21个国际家庭日，当天中国国家卫生计生委发布了《中国家庭发展报告2014》。报告显示，目前我国流动人口共有2.4亿，占全国总人口的20%。想起前段时间看到一则新闻说，上海是中国最具吸引力的城市，常年居住着950多万外来人口，北京、深圳则以770多万、750多万排名其后。看到这里，我们为中华大地这等生机勃勃而惊叹，但又想到有这么多的人在各地流动迁徙，虽说各地同属中华民族、中华文化，但毕竟在这片广袤的土地上居住着56个民族，而且不同方言、不同文化、不同信仰都客观存在，天南地北的人们走到同一个城市，他们如何和谐相处，确实值得深思。一方面，大规模的人口流动迁移是我国工业化、城镇化进程中必不可少的和最显著的人口现象；另一方面，各城市也通过提炼城市精神，意图凝聚人心。如北京提出了"爱国、创新、包容、厚德"，上海提出了"海纳百川、追求卓越、开明睿智、大气谦和"，天津提出了"爱国诚信、务实创新、开放包容"，重庆提出了"登高涉远、负重自强"，广州提出了"务实、求真、宽容、开放、创新"，深圳提出了"开拓创新、诚信守法、务实高效、团结奉献"，武汉提出了"敢为人先、追求卓越"，西安则提出了"承古开新、开放包容、勤奋进取、文明诚信"等等，不一而足，都在现代化的转型过程中，引导和培育各自城市适应现代社会发展、具有凝聚力、兼容并蓄的现代城市文化和价值观。

实际上，作为城市国家的典型，新加坡也走过这样的路，可以说是构建城市精神的先驱。新加坡是一个典型的移民国家，其原住民很少，大部分国民都是移民及其后裔。根据马来人的传说，新加坡最早的定居者是一位印度人，后来这里成为马来人的聚居地。15世纪初，它成为马六甲帝国的一部分；16世纪，葡萄牙人在这里建立霸权；17世纪又被荷兰控制。19世纪初，英国殖民者莱佛士登陆时，新加坡处于马来天猛公的统治之下，属于马来柔佛王国管辖。据天猛公说，当时新加坡有150人，其中马来人120人，华人30人。按理说当时人说当时事比较准确，但有的历史学家指出，这是当时新加坡人的主要聚居地——天猛公所居的渔村的人数，而在深林中还有未算在内的华人种植者。例如，根据新加坡国家档案局的资料记载，1819年以前在新加坡种植甘密和胡椒的知名华人至少有陈银夏、陈亚路、王端、戴汉良等人，还有一些散居的马来渔民，都未被计算在内。从这样的记载来看，当时新加坡的实际居民要多于天猛公所说的150人。[①]

到了1919年，英国人莱福士率军队占领了新加坡，得到了马六甲，并且强迫柔佛苏丹和天猛公签订"割让条约"[②]，使新加坡完全沦为英国的殖民地。此后，英国开始了新加坡港的建设和商业发展，同时也加快了新加坡从前资本主义社会向社会主义社会的转变。

新加坡开埠后，越来越多的华人劳工拥入此地。最初是由南洋各地，如马六甲、廖内、槟城等地移民而来，然后扩展到中国的东南沿海。1821年2月，第一艘中国航船由厦门抵达新加坡，进行商业贸易。1823年，英国派驻新加坡的总督颁布训令取消进口课税及礼金制度后，华人的商船更是纷至沓来。从此以后，新加坡的华人与日俱增，到1860年，已增至5万余人，超过马来人，占到当时总人口的63%，成为第一大种族。这主要得益于两大方面的原因，一是中国内部的推动力。这时，中国封建社会已到了晚期，整个社会缺乏活力，腐败丛生，尤其是1840年以后，西方列强先后发动的第一次鸦片战争、第二次鸦片战争、中法战争、中日甲午战争和八国联军侵华战争等，致使清政府偿付巨额赔款，这自然都转移到了劳动人民身上。加之太平天国和捻军等农民起义相继爆发，战乱频仍，也使社会更加动荡不安，迫使成

---

①郑文辉：《新加坡从开埠到建国》，第40—42页，新加坡：教育出版社，1977。
②郑文辉：《新加坡从开埠到建国》，第43页，新加坡：教育出版社，1977。

千上万的人流离失所。这些都造成了社会财富的大量损耗，清政府和地主为了维持原有的收入，就加重了对农民的盘剥。这一时期，地主的租金往往高达一般收成的50%以上，这就直接导致了许多农民的破产，造成很多农民入不敷出，遇到天灾人祸就极易陷入绝境，要想活命，只有逃往他乡。

二是新加坡的诱惑力增加了。此时，英国在新加坡等东南亚地区推行重商主义政策，这为新加坡的发展带来了很大的机遇，为中国东南沿海的商人、工匠和劳工带来了商业发展和就业的机会。新加坡作为一个刚刚开埠且具有重要战略意义和商业意义的新领地，需要大量的移民来作为其发展的劳动力。而且英国政府也给予了新加坡相当大的自由，例如把新加坡从东印度公司管辖变为受殖民部直接管辖。在这种相对自由的制度之下，新加坡走上了跨越式发展的道路。新加坡港口的货物集散量日趋增加，不断扩大的港口规模提供了大量的用工需求。此外，种植业和农业也因此发展起来，也要雇用大批劳工，这一切带来的诸多诱人的机会吸引着大量的华人来到新加坡谋生和发展。

自19世纪中叶以后，华人已成为新加坡社会的主流，是社会发展的主要动力。当时，新加坡的社会分工已经相当专业化，职业种类已经非常广泛，至少有100多种职业，可以说，除了高级行政职务和立法、执法部门外，所有的职业都有华人从事。自19世纪末期以后，随着华人经济实力的增强，华人参事局的地位在不断提高。同时，一些受英语教育、从英国留学归来的华人与殖民政府在政治交流和情感联系方面更加密切，受到殖民政府的信任，殖民当局在制定对华人社会的政策时经常与他们商量。到20世纪二三十年代，这种情况已经较为频繁。[①]

英国人拓殖新加坡以后，由于当地的开垦和建设需要大量人力，因此除了从中国引进劳工以外，也吸引印度劳工和商人，有一些英国人通过经纪人招募印度人来新加坡。不过，由于印度本身也是英国的殖民地，他还要顾及印度的利益，所以印度人的移民一直受到英国殖民当局的限制，人数有限。印度人当时在新加坡多数是为英国人种植甘蔗、咖啡、树胶，或者从事筑路、畜牧、捕鱼工作，或是成为用人和警卫人员等，待遇一般高于华人。他们也不像马来人那样缺乏从商经验，在商业方面并不亚于华人，警察中也有不少是印度人。在当时，印度人与英国人的关系比华人和马来人与英国的关系都更密切一些，这是因为，从一定意义上说，印度人是英国人殖民新加坡的随从和伴侣，而马来人是被殖民的对象，华人则是来充当苦力的。正是由于这个原因，印度人在政治上的经验比较丰富，这一传统延续至今。

随着新加坡的不断开发和经济的繁荣，来自各地的移民在这块土地上有了立足之地，他们与这里的联系越来越密切。不可否认的是，这些移民为新加坡的开发、建设和发展做出了积极贡献，但是，与美国、加拿大、澳大利亚、新西兰的移民相比，新

[①]李路曲：《新加坡现代化之路：进程、模式与文化选择》，第14—15页，北京：新华出版社，1996。

加坡移民的特点是：那些国家的移民主体是欧洲人，在移民的同时移植了政治制度，构建了新型种族国家，基本上属于同质的基督教文化；而新加坡移民的主体是亚洲人，移民的目的是为了谋生，基本没有政治动因。[①]这些移民没有定居和扎根的打算，他们对新加坡有着强烈的"异乡观念"，挣钱回家和叶落归根是普遍的心态。这里是异质文化并存的，体现为东方文化尤其是儒家文化与西方文化的并存、冲突和融合，对新加坡的认同感非常低。

新加坡的移民历史决定了它的社会特性，可以浓缩为四个字：多而且杂。这是新加坡的国情，也是新加坡社会的现实。作为一个多元种族、多元宗教、多元语言和多元文化的移民社会，如今的新加坡有20多个种族，其中最主要的种族有三个：华族、马来族、印度族，此外，境内居民还有欧洲人、犹太人、阿拉伯人、泰国人、日本人、菲律宾人等。多元种族又导致多元宗教、多元语言和多元文化的存在，各种族都带有本种族的传统文化，各持自己的种族语言，信仰各自的宗教。例如新加坡社会存在着华语、马来语、泰米尔语和奉行佛教、儒家思想、基督教、伊斯兰教的各种人群，大体上代表了三大种族的语言文化和宗教信仰。李光耀在谈到这个问题时指出："我们的社会有一个特点是世界任何地方所没有的，在我们这个人口密集的城市社会中有着不同种族、不同语言、不同文化源流的人民……在这里，各种族

①卢正涛：《新加坡领导人的国家至上观》，载《当代亚太》2003年第9期。

杂居在一个密集的社会里。"①在中国的任何一个大城市中，都没有这么多元的种族和语言交集。

国情和现实往往是历史的积淀。在新加坡的历史上，曾有过殖民时期、日治时期、马来亚联邦时期、自治时期和独立时期，效忠过英王，服从过天皇，遵从过最高元首，缺乏较长时期的对某一统治权的认同。由于其效忠和归属的对象多次变更，导致了新加坡居民在国家归属和认同上的脆弱。同时，新加坡国民对祖先居住国的认同感和归属感依然强烈，而且港口城市的定位更加剧了其文化上的"无根感"，新加坡人很长时期内都不把这里看成自己的祖国，大多数人怀有一种过客心态，对新加坡的政治前途并不十分关心。加上英国殖民者长期垄断政权，把各国移民长期排除在政治生活之外，更加深了民众对政治的冷漠。这一切导致居民对作为典型移民国家的新加坡的国家认同极其脆弱，乃至在建国初期的新加坡，由于没有共同的语言、文化传统、宗教信仰，使国家认同具有不稳定性，使刚独立的新加坡难以形成政治整合力和凝聚力，人们很难强化对新国家的认同和效忠。

新加坡作为一个移民国家，人民的特性也明显地具有双重性。李光耀认为："移民国家就有一个优点——她们的人民富有创造性的冒险精神"，"但是，我们也有一个弱点，那就是历史短浅，树根子还未十分稳固，有时遇着暴风雨，难免会摇晃，因

①新加坡联合早报编：《李光耀40年政论选》，第777页，北京：现代出版社，1994。

为大部分的移民都习惯于以一种是否有利可图的观点去看待一切事物——这点我们要承认"。[①]确实，在长期的移民生活中，移民们形成了一种讲求实际的观念，以"是否有利可图"来衡量一切事物。大部分的移民之所以要脱离他们的祖国，是因为他们要寻找比较好的生活，一旦此地生活不合他们的心意，就习惯性地往别处迁移，这种流动意识和讲求实际的观念，即便在现在的新加坡社会，也还有一定的影响。这种移民社会特征并没有随着新加坡作为一个独立国家出现而发生根本改变，而如果不从根本上改变这种状况，国民的国家意识就难以形成。因此，构建一个共同的价值观来促使移民及其后裔淡化对移出国的原始情结，放弃移民观念，强化对新加坡的认同，树立"我是新加坡人"的意识，其必要性越来越迫切。

2007年，新加坡中华总商会成立"移民联系组"，以方便协助新移民尽快在新加坡社会落地生根。移民联系组根据新移民的特点，组织各种商业、生活的培训活动，开办英文课程，举办有关住房、教育甚至国民服役课题的对话会，旨在加强新移民对新加坡社会的了解，帮助他们更好地融入当地社会。新加坡政府很认真地看待新移民如何融入社会的问题，并意识到需要在这方面做更多的工作。2010年，为了增强凝聚力和发展公民意识，新加坡政府一度探讨过举办"公民日"（Citizenship Day）的可能性，让新加坡人，无论新公民或原住居民，都能欢庆共同的公民

[①] 新加坡联合早报编：《李光耀40年政论选》，第130页，北京：现代出版社，1994。

身份。新加坡政府吁请新加坡人以开明的态度欢迎新移民，而新移民本身也要努力融入本地社会。目前人民协会已经安排它的基层组织和领袖举办社区活动，让新移民和本地人打成一片，如马林百列集选区成立了一个附属委员会，为新移民举办聚会和共享新加坡的资讯。

2012年，新加坡《联合早报》一项针对51位年龄介于15岁至29岁的年轻人进行的问卷调查发现，18%的年轻人只有在特殊的状况下才会意识到自己是新加坡人，另外6%根本不承认自己是新加坡人。有近四分之一受访的年轻人甚至表示，当他们对政府有太多不满的时候，他们会选择移居外国。南洋理工大学宇航系四年级学生林子睿（24岁）在一年一度的部长论坛上，对国务资政吴作栋说，他身为新加坡人却对国家归属心态产生了微妙转变。他说，五年前，他以身为新加坡人为傲，但是随着政府政策的改变、外来人才的拥入，他和很多一起服役的朋友都觉得，现在的保卫家园，不知道是在保卫什么价值观。他觉得年轻人的新加坡精神日趋淡薄，对身在自己的国家越来越感到不自在。半数（51%）的年轻人认为家人和朋友在此，是让他们对国家产生归属感的最重要因素。另外41.1%的被调查者则认为，最重要的因素是他们对自己生长的环境感到熟悉。调查也发现，高涨的生活费与通货膨胀（有68.6%的不满率）、住房问题（47.1%的不满率）和外来人才的拥入（43.1%的不满率）这三方面是年轻人感到不满的主要原因。社会发展、青年及体育部高级政务次长及人民行动党青年团主席张思乐认为，虽然很多年轻人到国外寻求发展，但这并不表示他们对这个国家缺乏归属感。[①]为此，新加坡社区发展理事会设立平台，设立更多兴趣小组，供国人参与，让新公民和老公民建立友谊，以增进国人之间的了解。西北区市长张俰宾以区内的轻快走小组为例说，居民一旦开始经常参加活动，就会培养起归属感和友谊。[②]统筹本地五个社区理事会的西南区市长许连碹则强调，任何融合的工作都是持续性的工作。她说，大多数基层领袖都欢迎和接受新公民的加入，愿意同他们一起工作，因为这些新公民有当义工的心，愿意到基层组织帮忙。不过，许连碹说，新公民也必须付出努力来融入社会，多了解本地人并同他们建立友谊，双方都必须有所行动。[③]社理会还通过设立社会融合基金来资助这些计划，会拨款来推行这些活动。

经济奇迹的背后

虽然一段时间以来，中国国内的民众适应了中纪委周一拍苍蝇、周末打老虎的反腐节奏，大家无不拍手称快，"翘首以盼""坐等"中纪委的打虎大戏，但在旗帜鲜明的反腐行动外，

①新文网：《新加坡：新加坡年轻人选择移民》，参见：http://www.news-com.cn/asean/singapore/a/201211/2747795.shtml。
②苏永良：《为社群发展更好服务——访新加坡西北区市长张俰宾博士》，http://www.sslbk.com/xxlbxx.asp?news_id=5207。
③许连碹：《未见沈克栋拿出改善社区计划》，http://www.zaobao.com/special report/singapore/gelstory20110425-135356。

我们还要正视和反思各类道德失范现象：我们的社会到底怎么了？在计划经济向市场经济快速转轨的过程中，见利忘义、道德滑坡、伤风败俗等道德问题，该怎样看待？市场经济环境下的道德旗帜，怎样才能高高飘扬？这些年，每每谈及道德问题，人们往往叹气连连。"毒奶粉事件""瘦肉精事件""染色馒头事件""地沟油事件""楼倒倒事件""碰瓷假摔"等等，一桩桩涉及行业暴利、食品安全、医疗安全、建筑安全、道德底线的恶性事件像一把把利刃，划出道道令人触目惊心的伤口，引得人们牢骚满腹。

这些问题的出现，在偶然中是否有"必然"性呢？梳理一下中国自古以来的商业道德发展脉络，我们就会发现，儒家的"义利观"更值得我们深思。中国传统商业道德源远流长，优秀传统商德作为其主体部分，主要讲究公平交易和诚信不欺，贯穿于中国古代商人的经营活动中。在古代，对商人的约束主要靠一些非正式规则，如道德说教、亲情、血缘关系等来实现，由此所延伸出来的"见利思义""重义轻利"等思想便构成了儒家"义利观"的基本内容，并渐渐与商业公平交易等原则融会贯通，指导着古代商业活动。在计划经济时期，道德建设有全民所有制和集体所有制两个平台作为贯彻基础，具体平台则是村落、工厂和单位。"熟人社会"的特性使人人相互监督、相互关爱。改革开放解放了思想，也在社会转型中"解散"了民众，人们由单位人变成社会人，熟人社会变成陌生人社会，而交际外延的急剧扩大，又衍生了很多问题。现阶段，市场的弱点也不可避免地反映到人们的精神生活上来，致使道德领域出现了个人主义、拜金主义、享乐主义、以权谋私、权钱交易等现象，连同新生的许多道德观念混杂在一起，缺少适当的道德理论引导，一些人也就无所畏惧，不择手段地追求起自己的利益来，这是造成如今经济和社会领域道德失范事件发生的重要原因。

从世界范围内来看，这类经济奇迹后的腐败和道德滑坡等现象并非"中国独有"。在资本主义相当长的发展阶段中，各国都出现过道德滑坡的现象。日本在第二次世界大战后曾出现过"道德滑坡"时期，也有过假冒伪劣产品满天飞的现象。但随着规范的逐渐确立，这种情况在20世纪60年代渐渐得到改善。因此，从客观上来说，这是特定的社会转型时期的必然产物；从主观上来说，采取有力的措施引导人们的价值观，抑制其发展，是改变这一状况的直接方式。

新加坡经济发展的成就堪称世界奇迹。从1959年人民行动党开始执政到今天这56年的时间里，它已经从一个不为人所知的贫穷落后的弱国发展成一个繁荣发达的国家。它在很短的时间里实现了工业化，成为世界上最先进和工业化程度最高的新兴工业化国家之一，人均国民经济生产总值从1959年的人均200美元到2013年的5.3万美元，增长了250多倍，创造了亚洲经济奇迹。但由于人民行动党从执政伊始就实行市场经济和开放的政策，西方社会的思想文化和生活方式对新加坡固有的传统文化与生活方式的冲击也日益加剧。

建国初期，新加坡经济停滞，失业问题严重。面对这种严峻的形势,对于刚刚摆脱殖民统治、百废待兴的种族政府来说,发展经济是头等大事。人民行动党政府紧紧抓住了这个主题和机遇,从一开始就推行了全方位的对外开放政策,实行市场经济。1959年初,人民行动党政府刚刚组建就颁布了第一、第二号法令,即《新兴工业(减轻所得税)法令》和《工业扩展(减轻所得税)法令》,前者规定凡属促进国家工业发展或国家尚未开发的新兴工业所用的原料,一律免征进口税;后者规定凡投资已获国家批准的现有企业,可按所投资本之多少累进计算所得免税。也就是说,所投资本越多,相对减税就越多。这两项法令对吸引外资起了重要作用,此后外资流入加快。

继而,新加坡政府着手制定经济发展的远景规划。为了使远景规划具有国际先进水平,政府特别邀请了联合国工业调查团来新加坡实地考察,并为新加坡起草了第一个工业化计划。为实施这项计划,新加坡政府还于1961年专门设立了经济发展局,负责具体贯彻执行。为了解决资金来源,李光耀与国家发展部部长王永元、财政部部长吴庆瑞先是商定由政府发行一亿元政府公债,同时还以贷款和参股形式向社会和国外筹集资本。20世纪60年代,新加坡在制造业方面大力发展了劳动密集型、低技能、低投资的中小型企业,如食品加工、服装加工、木材加工和半导体装配等,这类企业需要的投资少,但发展好,且很快缓解了失业和贫穷问题。

20世纪70年代以后,随着新加坡对外交流和现代化进程的加快,一些深层次的问题和社会危机开始出现:分层教育、双语政策、英才教育等导致社会阶层的分化和对不公平的不满情绪滋生；中产阶级的成长及其参与意识的增强，使得要求分享政治权力的呼声日渐高涨；宗教教育的宽松一度导致宗教热情增长，出现了宗教干预政治的现象；过分强调儒家伦理，导致其他种族的不满；英语至上的潮流导致母语衰落，传统文化流失、断裂；特别是西方个人主义和功利思想在新加坡泛滥，导致道德水准下降，社会风气大变，一些人盲目崇拜西方，个人主义、享乐主义开始盛行，传统的亚洲价值观受到严重挑战等等。可以说，新加坡思想文化领域的西化倾向产生了一系列社会问题。中国学者曹云华将其归纳为九个方面的问题：第一，传统式三代同堂家庭已趋解体，青年一代的婚姻观、家庭观、生育观等均发生较大的变化；第二，遗弃老人的现象时有发生；第三，犯罪率居高不下；第四，离婚率不断增加，婚前性行为和妇女堕胎事件层出不穷；第五，吸毒问题日益严重；第六，改信基督教者日益增加；第七，个人至上，无视社会和国家利益，缺少见义勇为精神；第八，一些新加坡人的形象越来越丑陋；第九，越来越多的人不愿意受严格纪律的约束。[1]这一系列的社会问题已经影响到新加坡的社会稳定，进而影响到人民行动党的威权体制。

20世纪80年代，是新加坡经济实现人均GDP从6000到10000美元跨越的黄金发展期，与此相伴的是，自70年代以来开始出现

---

[1]曹云华：《新加坡的精神文明》，第46页，广州：广东人民出版社，1992。

的问题在这一时期继续加剧，新加坡社会步入迅速变革时期，社会加速转型，社会阶层分化加剧，利益格局分化明显，价值观呈现多元化发展态势，价值冲突普遍化。"新加坡人越来越西化，人民的价值观也从儒家伦理的克俭和为群众牺牲的精神转为自我中心的个人主义。"[1]随着经济全球化的加深及其带来的新加坡同西方的联系的日益密切，这些问题日益严重。新加坡总统黄金辉在1989年的施政演说中说："我国人民尤其是年轻一代的态度和人生观，在不到一代人的时间内都有了改变，传统亚洲价值观里的道德、义务和社会观念，在过去曾经支撑并引导我们的人民。现在，这种传统亚洲价值观已逐渐消失，取而代之的是西方化、个人主义和以自我为中心的人生观。"[2]

随着国家的快速发展，在引进西方科技的同时，西方的价值观与不良风气也随之侵入，传统的以家庭为中心的东方传统社会理念被打破。新加坡出现了以金钱挂帅、唯利是图、贪图享受、物欲横流、人际关系冷漠等价值倾向，以及吸毒、卖淫、嫖娼等现象，尤其是青少年受"西化"思想的侵害更为严重，造成了新加坡严重的社会道德危机。据统计，新加坡离婚率由1978年的4.4%增至1985年的11%。1985年，未婚少女堕胎数占合法堕胎总数的5%。而在80年代，新加坡的吸毒问题也有恶化的趋势，据统计，1984年，因注射和吸服海洛因而被捕的人有2584人，1988年增长到5220人，增加幅度达到102%。因上述原因，新加坡一

---

①吴作栋：《儒家基本价值观应升华为国家意识》，载《联合早报》1988年10月29日。
②曹云华：《新加坡的精神文明》，第45页，广州：广东人民出版社，1992。

度出现强烈的海外移民倾向。70年代，每年申请移民外国的家庭只有1000户，到80年代早期，亦不超过2000户，而到1989年则高达7000户。新加坡政府当时做过一个调查，每六个新加坡人中就有一人曾考虑要移居外国。[①]

面对社会道德的沦丧和日趋严重的西化倾向和社会问题，新加坡领导人早在70年代末就开始寻找解决的办法。"怎样在继续拿来的同时，又有效地防止西化倾向，使新加坡人保留住自己的根呢？这个问题在近年来已经成为新加坡领导人的中心议题。"[②]正如李光耀所言："我们是否能维持稳定和保持我们的优势，问题不在经济发展方面，而是在于社会的道德结构。"

文化再生运动

新加坡地处东西方的交汇点，这一特殊的地理位置以及长期受到英国殖民统治的历史，使得它成为东西方文化冲击、交汇和融合的桥头堡。从文化的版图来看，世界四大主要文化即亚洲的儒家文化、穆斯林文化、印度文化、西方的基督教文化在新加坡都有传播。

早期移居新加坡的华人移民，虽然文化水平不高或者根本未受过教育，但在他们的观念意识和风俗习惯之中都深深蕴藏着中

---

①韦红：《新加坡精神》，第166-171页，武汉：长江文艺出版社，2000。
②曹云华：《新加坡的精神文明》，第55页，广州：广东人民出版社，1992。

华传统文化的因素，这是毫无疑问的。然而直到19世纪80年代，这个社会中还没有一份中文报纸，没有一所近代华文学校，更没有其他近代的文化传播媒体，人们只能依靠道听途说和小道消息来收集社会新闻和传播信息。当时到访的中国文人曾称新加坡是一片"文化沙漠"。但就在这片"文化沙漠"里，西方文化很早就开始耕耘了，英国殖民者和西方人的传媒、宗教和学校不断填补着这一片文化空白。另一方面，自19世纪初新加坡开埠起，华人对中华传统文化尤其是儒家文化的认同就从来就没有停止过。19世纪初，华人社会中就出现了私塾，随着华人移民的增多，私塾的数量也不断增多。因此可以说，在新加坡，西化和儒化的交汇与争斗由来已久，一直持续到今天。

20世纪60年代新加坡自治和独立后，选择了自己的道路。在建国初期，高举经济发展旗帜，将文化建设放在次要议程。鉴于人民行动党上台执政后就面对左翼势力和种族主义的反对，新加坡政府一度对华文教育和华族文化采取了冷处理和压抑的政策，传统儒家文化的发展也因而受到挫折。在70年代，儒家文化在国家政治中的地位没有很大的改变，处于相对沉寂的时期，它主要是在社会层面有所发展。这一时期，新加坡全力谋求社会和经济的发展，采取全方位的开放政策，随着工业化的展开和经济的发展，不但西方的商品、机器和科学技术被引进来，西方的管理方式、文学艺术甚至价值观念也不可避免地涌进来，对新加坡社会造成了巨大的冲击。新加坡社会发生了巨大的变化：

首先是行为方式的改变。在李光耀看来，技术发展本身带来的直接变化与由于使用了技术带来的文化上的变化是两回事。伴随西方科技引进而来的是西方文化和西方价值观念，其中的腐化、颓废的价值观迅速引起了新加坡"文化上的变化"，给新加坡社会带来了不良影响，诸如盲目追求西方的高消费生活方式以及黄色文化。随着融入全球化的程度进一步加深，新加坡社会受到西方价值观的影响越来越大，其本身固有的传统儒家文化与生活方式不断被销蚀，并面临可能成为"伪西方社会"的危险，这表现为国家意识受到冲击、文化失根、道德滑坡、个人主义和享乐主义盛行等等。到80年代，在一些领导人看来，新加坡已经出现了很多"伪西方绅士"，他们的生活方式和价值观念都在很大程度上西方化了。

其次是英语源流逐渐强势，母语源流相对式微。人民行动党上台执政后，李光耀曾预言各族母语在10年至20年的时间内会得到加强，而事实并非如此。这是因为在英国的殖民统治下，英语已经成为上层社会的习惯语言，自治后，虽然新加坡在法律上规定四种语言为官方语言，但在政府机关和商界同时使用四种语言是极不方便的，因而英语不可避免地成为政府和商界的工作语言。政府和商界工作语言的英语化进一步导致了学校中英语和母语地位的变化。短短几年，政府开始对英语化过快导致人民价值观西化过多的情况担心了，虽然政府推行了双语制，但这在客观上并没有保持住母语的地位。

再次是家庭观念和模式的改变。传统的三代同堂家庭趋于解体，让位于两代人的核心家庭。这一是由于自20世纪七八十年代以来，青年一代不愿意与老年人生活在一起的现象明显增多；二是由于年轻一代的家庭观念淡化，生子减少，家庭规模在减小，1968年每个家庭的平均人数是6.2人，到1987年下降为4.3人。随着工业化的飞速发展，家庭的模式也发生了很大变化，成年子女中回避赡养父母责任的人越来越多，变得像西方那样，听任老人依靠国家和社会照顾。离婚率的迅速增加和未婚先孕的急剧增多无疑是人们在工业化面前无所适从的表现，是传统社会在西化或两种不同的价值观念激烈碰撞时的表现。这些现象令政府非常担忧，他们认为这是青年一代淡化个人责任、公民责任甚至种族责任的表现。

最后是个人主义的蔓延。80年代以来，新加坡领导人和官方媒体经常批评年轻一代为"丑陋的新加坡人"，说他们"只求享受不求进步"、"只问价钱不问价值"，许多人胸无大志，变得越来越实际，他们读书和工作不是想为社会和国家做出什么贡献，而是为了自己更富有。然而应该客观地看到，新加坡从个人主义那里得到过不少好处。移民的天性是勤劳和富于冒险精神，他们在争取生存、开拓市场的抗争中不断地冲破传统的束缚，因而多了一些创新精神，多了一些个人主义。近几十年来，个人主义在新加坡不断地传扬，给社会带来了活力，给经济发展带来了动力，这是现代化的必然结果。与此同时，传统的集体主义观念日益淡化了，而个人主义的过度膨胀也造成了一些腐化现象，要靠政府和社会通过不断强化新的道德规范体系和法律体系的方式加以消除。

面对新加坡有可能沦为东方社会中孤立的"洋化小国"以及国家归属感与凝聚力逐渐弱化的情况，李光耀说："如果我们变成讲英语的社会，盲目地模仿美国人和英国人，而本身又缺乏基本价值观念和文化背景，坦白说，我实在不相信这是值得我们塑造的社会或国家，更何况去保护它。"正如吴庆瑞所说："不能把西方的东西拿来翻版，要有我们自己的价值观念……西方发生的奇奇怪怪的事情很多，如果我们依样画葫芦，我们也是会学坏的，这对我们经济的活力、经济的发展必将构成极大的破坏。"[①]他们得出的一个深刻的结论是：现代化不等于西方化。

面对国内西化带来的道德危机，加上儒学在国际上受到瞩目，以及周遭反共排华热浪消退等因素，新加坡在人民行动党政府和李光耀的倡导下，开展了一场"文化再生运动"。李光耀在1978年国庆献词中说："也许我英语比华语好，因为我早年先学会英语，但是即使再过一千世代，我也不会变成英国人。我心中所信守的不是西方的价值体系，而是东方的价值体系。"[②]1979年6月开始年年举行"全国礼貌运动"，同年9月开始了年年举行的"全国推广华语活动"，同年11月开始了"敬老周运动"，这些重要活动都带有文化再生运动的色彩。

---

① 中国赴新加坡精神文明考察团：《新加坡精神文明建设》，第57页，北京：红旗出版社，1993。
② 王殿卿：《新加坡的"文化再生"运动》，载《社科信息文荟》，1994年18期，第25页。

新加坡非常重视文化再生运动，采取了多项具体的、有针对性的措施，对儒家思想在新加坡的发展起到了积极的推动作用，最终为新加坡的主流价值观的确立奠定了坚实基础。[1]其主要特点是由新加坡政府领导开展有组织有计划的自觉行动，而非出自民间自发的创造性和草根性。新加坡政府认为，以华人为主的新加坡社会要建立国家价值观，不可忽视中国的儒家思想。这类呼吁成为新加坡领导人反复倡导的核心内容，如新加坡前教育部部长陈庆炎认为："儒家思想中的许多要点是放诸四海而皆准的，在制定公民道德教育课程时，没有理由不把儒家思想的精华吸收在内。"

除了大规模地开展推广普通话、礼貌月、尊老爱幼、维护家庭传统等社会活动外，在更深的层次上，新加坡政府倡导东方价值观，以夯实新加坡人的文化根基与价值归属感。1982年2月，新加坡政府正式提出要学习和发扬儒家思想，把它作为"治国之纲"和社会道德标准。但人民行动党懂得传统的儒家思想并不能完全适应现代社会的要求，因此，它对儒家思想进行了新的解释，即宣传一种经过改造的儒家思想。它对一些海外华人学者特别是在美国的华人学者对儒家思想如何适应现代社会的解释进行了研究，在此基础上，李光耀对儒家思想进行了概括和重新解释，以适应新加坡的情况。他围绕着儒家思想的核心"八德"（忠、孝、仁、爱、礼、义、廉、耻）进行了阐释：

---

[1]侯文广：《从边缘到主流：新加坡儒家文化发展经验对我国的启示》，载《天水行政学院学报》2010年第1期。

"忠"，就是要忠于国家，要有国民意识，把国家利益放在首位。这种忠不再是完全以血缘为纽带的传统忠诚，而是具有现代性的对国家的忠诚。正如前述，新加坡是一个移民社会，从最初移民到现在还不足200年，所以现在的新加坡人或者是移民，或者是移民的后代，或者是受移民意识影响很深的人。他们的先辈来自中国、马来西亚、印度、印尼或其他国家，有各自的语言和文化传统。新加坡独立初期，不少人认为这个人口很少、资源贫乏的弹丸之地的独立只是暂时的，迟早要归并到马来西亚之中，因此把新加坡当作自己祖国的观念比较淡薄。到20世纪80年代以后，又在西方文化的冲击下，一些人用西方的国家制度来批判新加坡的国家制度，使人民减少了对以人民行动党为代表的国家的忠诚。对此，新加坡政府要加强民众对国家的忠诚感，既要改造移民观念，也要批判西方的制度，为此采取了很多措施。为了强化对国家的忠诚，强调"国家利益第一"，实行了国民服兵役制度，并且很有效果。这个制度规定，凡年满18岁的男性青年，都要应征入伍，接受爱国主义教育和军事训练，培养誓死报国的意志和守纪律、守秩序、肯吃苦的品质。

"孝"，就是要孝顺长辈，尊老敬贤。在传统的东方社会中，孝是伦理的起点，其他社会伦理都是由孝道而生，而孝道又以孝顺父母为本。在工业化过程中，新加坡的家庭模式由三世同堂或四世同堂向核心家庭甚至单亲家庭转变，这种现象的过快发展，引发了思想观念上的代沟反差以及社会的不稳定。在西方自由主义思潮的冲击下，新加坡社会的家庭结构发生了重大变化，过去浓厚的家庭观念和孝道已经大为淡薄,许多人视父母为累,甚至虐待或抛弃。1991年春节,李光耀在对全国发表电视讲话时说:"如果孝道不被重视,生存体系就会变得薄弱,而文明的生活方式也会因此变得粗野。我们不能因为老人无用而把他们抛弃。如果做子女的这样对待他们的父母,就等于鼓励自己的子女将来同样对待自己。"①他还特别强调,家庭是"最神圣不可侵犯的",主张按照儒家的传统,尽量保持三代同堂的家庭结构,不提倡夫妻随便离婚,对重婚者判重刑。为此,新加坡政府也采取了一些措施,例如对与父母住在一起或与父母住得较近的家庭,在购买组屋时予以优先和优惠。

"仁爱",就是要富有同情心和友爱精神,尊重关心他人。李光耀曾号召新加坡人都要做"仁人君子",新加坡政府也宣扬"理想的新加坡人"是一个富有同情心的人。新加坡政府认为,仁爱精神应体现在社会的方方面面和各个层次中。这主要是由于现代化的急速发展所带来的社会变革,增加了不同文化之间的碰撞,激化了不同观点的人的矛盾;同时,城市化带来邻里交往的减少,引发人际关系的淡薄,甚至出现了邻里老死不相往来的情况,削弱了社会凝聚力。所以政府提倡大家要富有同情心,相互容忍和帮助。这与儒家强调个人的修身养性以期能达到君子境界不谋而合。当然,这时的仁爱精神是建立在现代契约精神基础之上的,是对现代契约精神的补充,而不是替代。

---

①张永和:《李光耀传》,第444页,广州:花城出版社,1993。

　　"礼义"，就是礼貌和信义。礼貌就是对人要尊敬、客气、热情；信义就是待人接物要以礼相待、坦诚守信，不搞欺诈。新加坡把礼义社会和保持政治稳定联系起来，当时主要是针对多元化或社会转型时期人们之间缺乏尊重和诚信的情况提出的。对此，最富有特色的举措就是开展举世闻名的文明礼貌运动。还有，新加坡政府明确表示反对奇装异服和嬉皮士作风，长发披肩的男人如果到政府机关办事，要等到其他人办完后才行。李光耀强调，礼貌不仅是一种美德，也是文明社会的重要组成部分，是人与人之间的相处之道。

　　"廉耻"，就是要为官清廉、有羞耻之心。廉就是指官员要清正廉洁，除了自己应得的薪俸之外，不取分外之财。耻就是要有羞耻之心，分清是非荣辱。李光耀认为，一个国家兴盛的关键是要有一个为人民所尊敬的廉洁政府，为官者若有廉耻之心，则必能产生廉洁的效果。40多年来，新加坡之所以能建成并保持一个廉洁政府，是因为它非常有新加坡的特色，它的监督机制是处于靠行政体制内部自上而下的监督来实现的传统社会和靠独立司法机构和社会舆论的监督来实现的现代西方社会之间的。它的反贪机构只受总理制约，并且得到法律授权，可以自行决定对任何级别的官员进行立案侦查和搜查，这是司法相对独立的表现；同时，反贪机构还要受到总理的制约，并不是完全独立的。但是在一个廉洁文化已经深入人心的社会里，很难有人贪腐而不受制约，总理不可能保护一个贪腐者。

　　经过改造充实后的"八德"，不仅内容具体，超越了古代儒家的传统思想，体现了新加坡的国情，实现了儒家思想的本土化，而且给传统的"八德"即"忠孝仁爱礼义廉耻"赋予了现代内涵，更便于被各种族人民所认同，从而成为新加坡意识形态和规范体系的重要组成部分。

此外，新加坡是世界上第一个把儒家伦理编成教材并在学校正式开设"儒家伦理"课程的国家。1979年，新加坡开始策划教育改革，提出了道德教育改革方案。1980年，新加坡教育部对全国中、小学道德教育进行评估。同年，该部成立"儒家伦理编写组"，花费大量人力物力为中学生编写儒学课程和培养师资；同时邀请杜维明和余英时等八位国际著名儒家学者到新加坡来进行指导、演讲和讨论，编写供中学使用的《儒家伦理课本》以及相关辅助读本。1982年，时任新加坡总理李光耀提出在中学增设儒家伦理作为一门道德科目的建议，政府根据这个建议，宣布自1984年起在中学三、四年级的德育教育必修课中增设"儒家伦理"课程，并把"仁、智、勇、义、礼、信"确定为中学"儒家伦理"课的重要内容，培养学生儒家伦理价值观念，使他们成为既有远大理想又有高尚道德情操的社会有用之才。1985年，儒学研究会等学术团体相继成立，带动了不少学者对儒家伦理的热烈探讨，使儒家伦理教育运动从学校走向社会，从政府走向民间。政府的重视使得儒家文化在青少年群体中得到普及，为全社会普遍接受"共同价值观"奠定了思想基础。

整个80年代，新加坡不但在国家政治层面和社会层面出现了儒学热的盛况，而且在学术领域中也受到重视。1983年6月成立了新加坡东亚哲学研究所，由时任副总理吴庆瑞和人民行动党中央执行委员会主席王鼎昌分别担任该研究所董事会的主席和副主席，进行儒学的研究、出版和交流，它主办儒学的演讲与座谈，召开多次国际性的儒学学术会议，表明了当局长期推广儒学研究的意愿与决心。李光耀在1984年10月说："我们是五千年悠久历史的古老文明的一部分。这是一股至深且巨的精神力量，能使一个种族产生信心，去面对和克服重大的改变和挑战。"[1]这也表明人民行动党政府企图用弘扬儒家文化来应对西方文化的挑战。

新加坡政府以自身的权威和功能，通过传承和发扬优秀文化传统，成功地推进了"文化再生运动"，在吸收西方先进的技术和管理经验以及对东方传统文化进行现代性改造的基础上，用传统与现代的结合有效抵御了西方消极价值观、尤其是极端个人主义思潮的侵蚀，从而建立起统一、独立的国家意识，在国民中树立起一个"敬业乐群、勤劳进取、廉洁奉公、讲求效率"的新加坡精神，为新加坡的社会稳定和经济发展开拓了精神资源。

我们知道，文化的多样性差异和多元互竞本身并不是人类文明的灾难和悲剧，相反，正是文化的这种差异多样和多元互竞，构成了人类文明不断演进的真正源泉和不竭动力。换言之，文化的横向传播和互相渗透，促进了人类文化的不断交流、相互汲取、不断融合、共同繁荣，从而推动整个人类文明的向前发展。

---

[1]新加坡联合早报编：《李光耀40年政论选》，第419页，现代出版社，1994。

新加坡多元文化的互动是开放性的互动，就其发展意义而言，它是一个互融性过程，这样，东方文化的传承和西方文化的渗透以及现代文化的发展在新加坡得以良性交融，形成所谓的"狮身鱼尾"文化。在这一"狮身鱼尾"文化中，由儒家文化、马来文化与印度文化等组成的东方文化强调国家和社会的中心地位，凸显集体精神与协商一致的原则，注重传统伦理道德等，而西方文化则主要体现在法律秩序、行政管理、市政建设、商业娱乐和教育等方面。新加坡人的追求，就是李光耀所强调的"东方和西方的精华，必须有利地融汇在新加坡人身上"[①]。

在现代化的发展中，新加坡面临着东西方文化的双重冲击，受到东西方文化的双重影响，作为移民国家固然不易进行政治整合与种族认同，但新加坡对东西方文化保持了清醒的态度，合理地处理了文化整合问题。独立后，新加坡价值观念呈现多样化趋势，对此新加坡政府进行了准确的定位，明确了本位文化的东方属性，在对待东西方文化的态度上，坚持"技术上依赖西方，精神上固守东方"。因此新加坡通过文化再生运动反对全盘西化，倡导东方价值观，消解了影响社会稳定的隐患，统一了国民思想，集中了力量发展经济，淡化了移民及其后裔对移出国的归属感，强化了对新加坡的国家认同感。值得注意的是，新加坡提倡中国传统儒家文化，并没有照搬照抄，而是形成了具有新加坡特色的儒家文化，强调了儒家文化的现代化转化。在吸收西方

①新加坡联合早报编：《李光耀40年政论选》，第395页，现代出版社，1994。

先进文化的同时，必须继续保持东方文化中的有利因素，以取得平衡，以抵消西方文化中的腐朽部分。同时，这并不意味着新加坡不接受西方文化中具有现代价值的内容。这种精神文明和物质文明兼顾的抉择，是新加坡构建现代国家价值观的成功之处。

新加坡的发展经验告诉我们，在具有多元文化的国家中，一旦国家整合得以实现，可以使得那些以他们的文化为荣并希冀他们的文化得到国家认可的人，急于加入由其他文化群体的人们组成的普通的公民团体来捍卫自己自由宽容的形象……乡土情结和差异意识的增强反而鼓舞了对种族目标和体制的强烈认同感。正是对于国家的这种强烈认同感使得新加坡人时时把自己的命运和新加坡联系在一起，挺身而出，为新加坡战斗。1997年亚洲金融危机时，新加坡举国上下同舟共济，无论是高官还是工人都对降低自己的收入没有怨言，共渡难关，给整个世界留下了深刻的印象，从而使新加坡在这场使东南亚经济奇迹荡然无存的风暴中一枝独秀，甚至还成为这场危机的受益者。

吴作栋强调，在工业化、现代化的进程中，什么都可以改变，什么都会改变，但关系到新加坡生存和发展的东方价值观决不会改变。李光耀强调：我们是工业化和现代化的学习者，我们向日本人学习，向欧洲人学习，向美国人学习，但是我们不想要西方的一切，新加坡人必须继续保持亚洲人的本质，因为新加坡永远是亚洲的一部分，绝不能让新加坡成为东方社会孤立的"洋化小国"，成为被西方同化的"伪西方社会"，即只有西方文明之表而无西方文明之实，虽是东方人但已丧失东方社会的特征和价值观念，成为不东不西的社会，这会导致亡国亡族。①

近几十年来，新加坡的学生都要通过学校、家庭和社会等多种途径，接受"文化再生运动"的熏陶，他们较系统地接受了儒家伦理的教化，在现代化转型过程中有了儒家文化的调适。但中国在大约60年（20世纪20年代至70年代）内，先后发生反孔的"五四新文化运动"和批孔的"文化大革命"，没有科学地对儒家文化进行现代化的转化，也就没有弘扬儒家文化的精髓。因此，中国大陆的青少年与新加坡同辈相比，在思想道德素质方面存在着差距，这应当成为中国大陆当代青年与东亚各国进行横向比较的一个聚焦点，我们再也不能视而不见、充耳不闻了。②

种族冲突

莱佛士登陆新加坡时，华人的总数约100多人，马来人不超过200人，加上随莱佛士登陆的少数英国军官、几十名印度士兵、侍从和少数华人，1819年初新加坡的人口应该在400人左右，种族主要包括马来人、华人、印度人，直到今天，新加坡

①李晔：《论新加坡民族主义的形成与界说》，载《东北师大学报》1998年第2期。
②王殿卿：《新加坡的文化再生运动与国家的共同价值观》，载《思想教育研究》1994年第4期。

仍然是由这三大种族构成。新加坡开埠以后，移民人口增加非常快，到19世纪中期，新加坡多元种族社会的基本格局初步形成。[①]当然，新加坡殖民当局的移民政策对种族比例的变化有着重要影响。如到了20世纪，1931年到1970年间，华人增长了3.7倍，印度人是2.8倍，与马来人增长4.4倍相比，这两个种族的人增长速度比过去慢了不少。原因主要有三：一是由于受20世纪30年代经济大萧条的影响，新加坡的经济不景气，殖民当局决定限制移民，并帮助数千名华人和印度人返回家园；二是新加坡的统计数据显示，在马来半岛上马来人的数量第一次不足一半，马来人可能在自己的土地上称为少数种族，这引起了马来人和殖民当局的不安，马来人担心自己日后受到排挤，殖民当局则担心引发种族矛盾；三是考虑到人口性别比例失衡即男多女少，殖民当局从1933年开始限制成年男性华人入境，对妇女儿童则不加限制，这改善了男女比例失调的情况，但却使人口的移居速度减慢了。

作为一个多元化的社会，新加坡有不同的种族、宗教、语言和文化。据近年来的统计，在500多万居民中，华人、马来人和印度人是三大主要种族，华人占75.2%，马来人占13.6%，印度人占8.8%，此外还有欧洲人、犹太人、阿拉伯人、泰国人、日本人、菲律宾人等少数种族，约占2.4%。在宗教方面，新加坡堪称"世界宗教大观园"。新加坡虽然是世俗国家，然而从19世纪初开埠起，各种宗教蜂拥而至，从世界三大宗教到一些几乎绝

---

①李路曲：《新加坡现代化之路：进程、模式与文化选择》，第79页，北京：新华出版社，1996。

迹的小宗教，无所不有，不但有佛教、道教、伊斯兰教、印度教和基督教这些主要宗教，而且还有兴都教、耆那教、锡克教、犹太教、拜火教、天理教、巴亥教以及华族创造的"儒、佛、道"三教合一和"儒、道、释、耶、回"五教合一的宗教，[①]各类宗教信徒约占全国人口的86%。根据2000年的统计，新加坡人口的42.5%信奉佛教，14.9%信奉伊斯兰教，14.6%信奉基督教，8.5%信奉道教，4%信奉兴都教，0.6%信奉其他宗教，无宗教信仰的人口占总人口的14.8%。在语言文字方面，35%的新加坡人口在家使用华文，而且23.8%的人口使用华语方言，23%的人口使用英文，14.1%的人口使用马来文，3.2%的人口使用淡米尔文，如何凝聚有着多种族成分、多宗教信仰、多语言文化传统的人群，新加坡面临前所未有的挑战。

我们具体来看一下几大主要宗教的输入与传播情况。

佛教。19世纪到20世纪初，支配华人社会的主要宗教是佛教。早在19世纪初叶，中国福建、广东一带的移民就把佛教带进新加坡了，大约在1820年前后，第一批佛教庙宇被建立起来。据记载，恒山亭是当时最著名的佛教庙宇，那时已有不少人定期前去朝拜。1838年，各方言帮的领袖筹措建立了天福宫，它很快成为整个华人社会宗教活动的中心，这个地位一直保持到19世纪末期。天福宫主要供奉航海保护女神天后，另有观音和关帝次之。这是因为当时新加坡的华人与航海有着密切的联系，许多来自中

①陈祖洲：《试论新加坡国民意识的形成》，载《江苏社会科学》2002年第2期。

国的大帆船满载货物和移民，船主和移民都希望在海上的岁月能够平安，以保证贸易的发展和人身安全。他们面对大海时的无能为力，使他们想要寻求这位航海女神的保护。这种愿望在天福宫的匾额"波靖南溟"中体现得极为清楚，它的意思是"南海平静"。移民社会的动荡也加剧了人们对其他神的崇拜。

除了宗教崇拜之外，早期的华人寺庙还具有其他职能。例如，天福宫就成为事实上的华人甲必丹的衙署。据记载，19世纪后半叶，著名侨领陈念绅就曾在庙中办公，办理闽藉华人的婚嫁手续。寺庙成为甲必丹的工作场所，这主要是因为甲必丹被推举出来协助维持华人社会的秩序，但没有给他们经费去履行职责，因此他们不得不借用公共场所，而当时唯一的公共场所就是寺庙。当时许多华人都经常到寺庙来进行朝拜，这里成为华人社会交往最为频繁的场所，在这里办公易于与人交往，办事方便。同时，甲必丹并没有强制性的世俗权力，因此借助神灵来调解纠纷，有利于问题的化解。

天福宫所发挥的作用填补了华人社会相互交往中的某些空白之处。因为各方言集团都带有强烈的地域性，彼此隔阂很大，通常很少交往，而天福宫是各方言集团共同的宗教活动场所，各方言集团的人都来这里进行朝拜，这就自然而然地在宗教活动中增加了相互之间的交往。而且，华人社会与外界打交道时，尤其是与殖民政府打交道时，必须以整体的面目出现，这时甲必丹的作用就显现出来，天福宫作为甲必丹的办公场所，就可以使其在某种程度上发挥行政中心和福利中心的作用。

一般来说，各方言集团和宗亲组织自己拥有的寺庙和保护神的作用要大于共同享有的寺庙和保护神的作用，华人更经常的是到各自方言或宗亲集团的寺庙中来进行朝拜，并以此为中心举行各种公共活动。天福宫只是填补了各集团之间交往的空白。虽然19世纪和20世纪初大多数华人组织都崇拜天后、观音和大伯公，但这种崇拜是在各自集团的寺庙中进行的。例如，闽帮是在天福宫（19世纪末它已基本成为闽帮独占的场所）崇拜天后女神，潮州帮则是在粤海清庙中崇拜她，而海南帮则是在附属于海南会馆的天后宫庙中崇拜她。同样闽帮是在恒山亭和大伯公庙中崇拜大伯公，而客家人祭祀他则是在福德祠内。

宗教崇拜的地方化反映了19世纪末到20世纪初华人社会的严重分化。在早期，各方言集团共同修建天福宫，表明他们希望携手合作。但这种愿望和努力没有抵御住分化和敌对。这或许是因为早期各集团的人数还很少，难以自立。随着各方言集团的壮大，它们有更多的自身利益要维护，也不再需要那些既不方便也不及时的更大范围的保护了。相反，各集团之间的竞争多于合作。更为根本的是，传统的方言、观念和习俗还没有被现代文化所突破，这就使他们自然而然地在竞争中选择了分化。尽管佛教没有把整个华人社会联结在一起，但它却为在各方言集团和宗亲集团内的联合提供了一种联系的纽带和精神力量，并且使华人和整个华人社会始终拥有同一种崇拜的偶像，为日后他们的联合做了某种精神上的准备。

佛教在19世纪末20世纪初仍有一定的发展。1898年福建和广东的著名和尚贤慧、会辉和转道等人组织兴建了新加坡佛教首刹莲山双林禅寺。1926年中国另一位和尚太虚大师到新加坡弘法，带有弟子北京佛教青年会的张宗载、宁达蕴二人。他们除了演讲佛法，还编印出版了佛教杂志《觉华》。1928年，在太虚大师的倡导下，新加坡成立了中华佛教会，该教会在19世纪三四十年代一度成为佛教徒的领导中心，至今仍有一定影响。新加坡中华佛教总会成立于1949年，此后逐渐取代了中华佛教会的领导地位，成为新加坡佛教徒的领导中心，现今有130多个团体会员。另外，新加坡僧伽联合会（该会的宗旨就是联合各种族的教徒，实现宗教上的种族和睦）、世界佛教徒友谊会新加坡分会和新加坡佛教居士林也是重要的佛教组织。

当今的新加坡，佛教教徒约占全国人口的30%。全国佛教寺院128个，每4000个佛教徒和每5平方公里就有一座寺院或庵堂，形成“一街三寺，两巷一庵”的局面。其中影响较大的有莲山双林寺、光明山普觉寺、天竺山毗庐寺和龙山寺等。这些寺中长年香火旺盛，前来朝拜的人络绎不绝。新加坡的佛教组织也很多，其教徒中除华人外，还有印度人、马来人、缅甸人、斯里兰卡人和日本人等，佛教徒都在不同程度上以佛教教义来规范自己的心灵和行为，他们中很多人经常到寺院中参加佛教仪式和活动，也有一些人是在家中进行朝拜。新加坡佛教徒最大的活动是庆祝吠舍节，每年五月中旬的月圆日都要举行全国性大规模的活动，纪念释迦牟尼的诞生、成道和涅槃。另一个节日是盂兰盆会，在中国阴历的七月十五日，各寺院要举行盛大的讲法会，信徒还要举办水陆道场、放焰口等宗教活动。可见，佛教对新加坡社会的影响是比较大的。

道教在新加坡也有一定的影响。现在信奉道教的人约占总人口的11%。在1819年新加坡开埠前，道教就已在当地华人中存在了，当时已发现有道教的金兰庙。1812年一艘中国帆船就抵达新加坡的直落亚逸海岸，到来的华人摆下香炉，尊奉妈祖神位。此后，这里便成为道教的一个活动中心。在道教的诸神中，妈祖是海上保护神，而新加坡是一个港口国家，所以尊奉妈祖的道教徒比尊奉其他神的教徒要多。1840年天福宫在直落亚逸建成后，他也成为道教徒活动的一个主要场所，直到今天都是如此。

道教是各种宗教组织中最为松散的宗教，它以清静无为为宗旨，没有规范教徒的各种教规，没有统一的组织，也不宣传吸引人入教，一切顺从自然。1979年后，新加坡的道教出现了联合的趋势，各神社先后联合建立了几个大的道教组织。其中最大的是1990年创立的新加坡道教总会，他有20多个团体会员和数百名个人会员。1991年3月29日至31日，该会连续3天在通淮庙举行大规模法会，纪念道教圣祖老子诞辰和道教总会成立一周年。此后，该会每年在阴历七月十五日的中元节和道历二月十五日的老子诞辰日都要举行较大的纪念活动。现在全国约有100多处道教神社，当然更多的是设在个人家里的神坛。

西方宗教（主要包括基督教和天主教）在新加坡的影响与日俱增。目前教徒约占人口的20%。在新加坡草创初期，海峡华人族群、海外传教士和西方商人都对这两个宗教教会的发展做出了贡献。1819年新加坡刚开埠不久，一名天主教神父率领一支由13名教徒组成的队伍泛舟来到新加坡，这是西方宗教在新加坡传教的发端。1822年第一座英国教会教堂——圣安德烈教堂被建立起来。1841年全国已有500余名天主教教徒。此后，新加坡天主教教会也先后开办学校、医院、公益组织等来照顾弱势族群的利益，教堂有近300座。天主教拥有统一而完善的组织系统，它的最高组织机构是"新加坡天主教行政机构"，总主教为最高领导，下辖礼仪、教理、教友、正义和平、司铎灵修和财务等6个委员会。在这个中央领导机构之下还有10多个天主教团体，另外还开办了神学院、神学校，发行两份天主教报纸，一份是英文的《公教报》，一份是中文的《海星报》。

基督教各教会在组织结构上较之佛教、道教、伊斯兰教和印度教更加严密；在活动方式上，基督教会的活动比较注重实际，除了宗教仪式外，它经常为教友甚至非教友提供团聚相处的联谊活动，如郊游、联欢会和露营活动等。它还根据不同的年龄、性别和职业结构建立起各种常设的联谊组织，甚至还有幼儿园、儿童俱乐部。显然，这种方式更能吸引人，更易传教。

伊斯兰教是新加坡的马来人的主要宗教。目前教徒约占人口的15%。据史书记载，公园12世纪阿拉伯和印度人就将伊斯兰教传入了新加坡。1819年莱佛士在新加坡登陆时，那120名马来人显然都是穆斯林（伊斯兰教徒）。此后，随着周围地区马来人的不断移入，穆斯林不断增多。在大部分时间里，增长比较缓慢。在20世纪初有一个较快的增长，猛增到4万人。1931年成立了伊斯兰教传道士协会，它联合各教堂势力，大力推广伊斯兰教势力。鉴于60年代以来穆斯林在世界范围内都很活跃，新加坡政府对其非常关注，1968年成立了专门管理伊斯兰教事务的最高机构——伊斯兰教理事会，代表政府管理全国的伊斯兰教事务。目前，全国有伊斯兰教团体60余个，清真寺80余座，他们出版刊物、传播教义，很有活动能量。清真寺是伊斯兰教进行宗教活动的主要场所，与过去不同的是，现今的清真寺除了进行宗教活动外，还是体育场所，是某些社区中心和娱乐活动场所，这是一种吸引教徒的方式。

印度教主要是新加坡的印度人的宗教，目前约有总人口的5%信奉该教。在新加坡开埠之后不久，印度人就随着英国人而来，把印度教带进了新加坡。现在大约有30座印度寺庙，大部分以南印度的风格为主，其中马里安曼兴都庙和斯里尼瓦沙柏鲁马兴都庙属于新加坡的国家保护文物。新加坡的印度教没有统一而严密的组织，只有几个组织松散的联合会，其中较大的有印度教咨询会，它成立于1917年3月，旨在督促政府关心印度裔教徒的宗教信仰、生活习俗和各种涉及印度裔公共福利的事务。成立于1927年的新加坡雅利安社，是一个关于宗教革新和福利的团体，反对印度教的传统形式，主张废除多神制和实行单一制，废除偶像崇拜。成立于1968年的印度教布施基金会，负责一些主要的印度教寺庙的管理和财产布施分配等工作。

由此可见，在这么小的国度里，有如此多元的种族结构和宗教信仰，极易产生种族歧见和宗教对抗，因此各种族间的融合始

终是新加坡面临的重大社会问题。如何将不同的种族调和为具有
一致性的国族，在国家的层面上形成统一的整体，使新加坡各种
族都对国家产生归属感和责任感，在心理上认同一个国家、一个
新加坡，并在这一旗帜下为新加坡而奋斗，这始终是人民行动党
及其政府无法回避的问题。

由于不同的种族往往信仰特定的宗教，因此宗教就往往成为
最易于产生种族冲突的因素，若处理不好，就会引起种族和教派
冲突，导致社会动荡。新加坡的种族、文化、语言、宗教和帮派
构成不仅多，而且差异大，它们分属于不同的文化类型、不同的
语种和不同的宗教系统，由此造成的价值观念、政见和经济利益
的分歧也特别大，有不易调和的特点，加之因经济地位不同而带
来的阶级差别，新加坡的社会构成就更复杂了。

多元种族给新加坡的社会管理带来了严峻挑战。美国学者罗
兰·罗伯森认为："如果说全球化的主要特征之一是世界的压
缩，那么其主要后果之一便是各种文明的、社会的和共同体的叙
事之间的碰撞加剧。"[1]对于新加坡而言，多元种族之间的碰撞
和冲突使得它成为一个"极易分裂的社会"。新加坡是个华人
占绝大多数的国家，其处于伊斯兰世界包围中的地缘政治使得
"新加坡的多元种族的特点同国际的一些敏感问题有着千丝万
缕的联系，使国内种族问题带有某种国际化的倾向"，因此，
对于新加坡政府来说，"多元种族以及由此带来的一连串的问

---

[1][美]罗兰·罗伯森：《全球化：社会理论和全球文化》，梁光严译，第202页，上海：
上海人民出版社，2000。

题，远远超出其种族、文化和宗教问题本身，它们在新加坡往往表现为政治问题、经济问题，甚至是国家兴衰成败、生死存亡的大问题"①。

1964年马华种族大冲突就充分说明了这一问题的严重性。这一冲突的基本背景是，随着1945年日军的投降，英国殖民者卷土重来，他们推行了马来亚联邦计划，马来人在日军统治期间所受到的优待至此结束。1959年，华人出身的李光耀领导的人民行动党在新加坡举行的立法议会选举中获得胜利，人民行动党上台执政，组成自治邦政府。这个政治变故让新加坡的马来人无所适从，他们感觉到本来就已掌握了这个国家经济命脉的华人现在又取得了政治权利，这将对他们未来的命运产生难以预料的影响，马来人认为华人是使自己陷入不利境地和剥夺其"主人"地位的罪魁祸首。

与此同时，华人对马来人也存在较深的隔阂。马来人在日军统治期间"仗势欺人"的行为成为留在华人脑海中挥之不去的历史记忆，加之他们认为马来人时常觊觎自己的财富，自然也把其视为潜在的敌人，时刻加以提防。而华人作为新加坡人数最多的种族，本身又在经济上占据支配地位，自认为完全可以通过撤销职务来抵御或压制马来人的挑战。

1963年，新加坡为了解决自身国力单薄、资源短缺等问题，并入了马来西亚。但是并入后的现实却与新加坡的初衷背道而

---

①郑维川：《新加坡治国之道》，第14-15页，北京：中国社会科学出版社，1996。

驰，新加坡不仅没有获得期待中的发展，反而因合并使得马来人的种族主义急剧膨胀，搅乱了新加坡内原本就比较脆弱的马华两族关系，两族争斗不断升温，并最终导致了1964年的种族冲突。其原因除了历史积怨尤其是日军统治时期埋下的仇恨之外，更有新加坡马华两大种族在经济、教育上发展不平衡，在宗教上不相容等多种因素长期积累而无法调和的原因。

在过去很长一段时期内，新加坡的华人和马来人在经济地位上是不平等的。新加坡的华人主要从事经济、贸易和教育事业，有经济头脑，文化水平较高，生活较富裕。而马来人大多以种稻、捕鱼为生，很少参与经济贸易活动。马来人对大规模的商业贸易活动既不参与也不热衷，因此普遍收入水平低，生活困难。他们认为华人是外族，夺走了他们的资源和财富，这种经济利益上的冲突和对自身生存状况的不满更加剧了马来人对华人的猜忌和憎恨。

受传统观念和生活态度的影响，早期的马来人并不重视教育。大部分马来人家庭迫于生计根本无力给孩子提供正规的教育，而即使是有能力的家庭也很少主动送孩子去接受正规教育。受此影响，马来人的教育水平一直无法得到提升和改善。到了第二次世界大战以后，虽然殖民政府以及后来的自治政府都大力推广教育，但受宗教信仰的影响，马来人更重视对子女进行宗教信仰的培养，并不重视现代教育。他们即使送子女入学，也大都进入马来人的学校，这些学校在师资力量和设施建设上都很薄弱，根本无法提供良好的教育。所以，长期以来，马来人的教育水平一直处于一个比较低下的状态，这使得他们很难明辨事理，容易受到他人的鼓动。

宗教也是一个极易触动马来人敏感神经的问题。大多数马来人信奉伊斯兰教，伊斯兰教最大的禁忌就是猪肉，而一些种族主义极端分子便充分利用了这一点。他们刻意捏造事实，说华人教师强迫马来学生吃猪肉，还通过歪曲《古兰经》上的经文和伊斯兰教教义来煽动马来人的种族情绪，挑起他们对华人的强烈不满。此外，新马两地政府的政治争斗、媒体的不实宣传、印尼特工的挑拨与煽动等都是直接导致1964年新加坡种族冲突的外在因素。

在1963年的新加坡大选和1964年的马来西亚大选中，人民行动党积极参加竞选对马来西亚巫统的政治利益造成挑战，他们认为人民行动党是要通过大选来夺取马来西亚联邦政府的控制权。于是，巫统通过报纸和公开演讲抨击人民行动党，宣称人民行动党是反马来亲华的政党，意图通过挑起马来人的种族主义情绪来达到自己的政治目的。为进一步挑起马来人对人民行动党的敌对情绪，巫统甚至发表了一份白皮书，"详细列出了马来人在李光耀领导下的人民行动党统治下遭受的种种痛苦"[1]，巫统对马来人的遭遇夸大其词，称新加坡政府歧视马来人，鼓励马来人团结起来，共同反抗人民行动党的统治。在这种舆论的诱导下，马来人对人民行动党的不满情绪开始高涨。为了缓和不同种族间的紧

---

①[新加坡]李光耀：《风雨独立路——李光耀回忆录》，第423页，北京：外文出版社，1998。

张关系，社会事务部部长奥斯曼渥于1963年7月19召开了马来社团和人民行动党的会谈，会上李光耀宣布不再给予马来人原有的特权，而是用更加合理全面的方式来处理所面对的问题。这一言论更加使巫统不满，使其与人民行动党的矛盾达到了最高潮，为之后的种族冲突埋下了导火索。

各种传媒在这次暴乱中也充当了催化剂的作用。1963年新加坡大选后，巫统以《马来前锋报》作为阵地，对人民行动党展开了舆论轰炸，指责李光耀藐视马来西亚首任首相东古·阿卜杜勒·拉赫曼，而人民行动党的政治统治导致了马来人的生活困境；另一方面，为了激起马来人对人民行动党的仇恨，《马来前锋报》发表了大量种族主义的言论，使得新加坡的马来人反对新加坡政府的情绪不断高涨。

巫统针对马来人文化教育水平不高、政治鉴别力弱的特点，以马来语为载体，通过电台和电视宣传了许多歪曲事实的报道，煽动马来人参与反行动党活动；同时，巫统利用马来西亚电视台播出马来会议全程，使原本不热心政治的马来人民"觉醒"起来，激化了华巫矛盾。种族冲突前夕，马来行动委员会还利用传单号召马来人行动起来，并肩作战，因为"如果马来人现在不反抗，20年后将不再有马来人存在"[1]。

1964年的种族冲突与新马两地长期的政治斗争有着密切的联系，但国际上的矛盾也在其中扮演了重要的角色。其中印尼特工

---

[1]Mackie, J A.C. Konfrontasi, The Indonesia-Malaysia Dispute 1963—1966, Kuala Lumpur, 1974, p.65。

的挑拨与破坏起到了推波助澜的作用，加速了马华两种族矛盾的激化，使两族关系迅速恶化。在新加坡独立前的几年，印尼特工一方面通过在马来西亚建立组织基地，与当地的马来左翼政党和地下组织建立联系，一同在马来西亚进行颠覆政府的活动；另一方面，他们也利用媒体挑拨两族的关系，如分别通过马来语广播和华语广播散播煽动性的种族主义言论。当然，印尼特工也直接参与了1964年的两次种族冲突，他们精心策划了一系列事件，使得冲突进一步升级。

1964年7月21日是伊斯兰教的先知穆罕默德的诞辰。新加坡的马来人打着维护种族和宗教利益的口号，将他们对华人长期的不满全部发泄了出来。冲突在全岛各地蔓延开来，整个国家陷入了极端的混乱之中。马华两族互相攻击，破坏公物，焚烧房屋和汽车，场面极其惨烈，事件造成了巨大的人员伤亡和财产损失。整个新加坡处于失控状态，政府为了控制局面，不得不派警察和军队进行了两个星期的戒严，马华两族的激烈冲突才算暂时缓和下来。此次暴乱历时10天，有23人丧命，454人受伤。①

由于7月21日是星期二，所以这一天也被称作"黑色星期二"。在"黑色星期二"之后，尽管政府仍然在部分时间实施戒严，全岛各地也还在发生连串的种族冲突事件，有更多人在冲突中丧命和受伤。到7月24日，马华两族的激烈冲突才算暂时缓和下来。8月2日，政府在情况稳定后，决定全面解除戒严。在7月

---

①http://www.sharecompass.com：8080/forum/posts/list/557.page

的种族冲突中，总共有3568人被捕。

9月2日，暴乱再次发生，导火索是两名华人被马来人攻击受伤，激起了华人的愤怒。到9月4日，发生了一名马来三轮车夫被人刺死的案件，加之有人挑拨离间，新加坡又发生了种族冲突事件。上述马来族三轮车夫被人谋害的事件，有人指出幕后黑手是印尼特工，但马来人却认为是华人干下的。他们异常愤怒，反击和报复随即展开，新加坡的一些华人陆续遭到马来人的袭击，小范围的冲突开始蔓延，全国再一次陷入混乱。4日上午，大批的华人和马来人僵持在芽笼士乃（Geylang Serai）的路边，对抗的情绪逐渐升温，种族冲突再次发生，甚至连警车和军事发报站也遭到了袭击，到了下午2时，政府再次宣布全岛进入戒严。当时新加坡总理李光耀正好出国访问，副总理杜进才博士在电台广播中要求人民不要听信"个人散播的传言和谣言"。当政府在9月5日暂时解除戒严后，芽笼士乃又出现了骚乱，警方后来展开行动逮捕了一些涉嫌颠覆活动的分子。到了9月8日，马来西亚副首相敦拉萨来新加坡访问，他促请甘榜的马来同胞"不要理会印尼试图挑起种族情绪的行动"。9月的种族冲突历时3天，造成13人丧命，109人受伤。新加坡政府最终在9月11日才取消戒严。

1964年新加坡的两种族冲突为一年后新加坡被逐出马来西亚并最终独立埋下了伏笔。这样一来，新加坡想借助马来西亚来发展自己的愿望便成为泡影。这次马华冲突的影响更多表现在新加坡独立后对马来人政策制定的影响上。冲突加深了新加坡政府多元种族政策的信念，为新加坡独立后制定各种马来种族政策提供了前车之鉴。种族冲突事件"使新加坡人情愿容忍独立自主所面对的艰辛，暴乱的惨痛经历也促使我们（指以李光耀为代表的新加坡政府——笔者注）更加坚定地下决心建设一个平等对待所有公民的，不分种族、语言和宗教的多元种族社会"[1]。

新加坡政府着手改善马华两大种族之间的关系，通过种种政策协助马来人走出生活困境。当局采取了一系列管制措施，将新加坡巫统除名、压制沙文主义、调整武装部队内部的种族比例，杜绝和防范暴乱事件再次发生，并力图使新加坡的马来人能和其他种族尤其是华人融合到一起。冲突中马来人的宗教信仰所显示出的巨大威力也提醒新加坡，"如果政府处理不好宗教矛盾，宗教有可能成为新加坡消亡的直接原因"[2]。

此外，媒体在此次冲突中所显示出来的巨大影响力以及破坏力，也让以李光耀为代表的新加坡政府印象特别深刻，新加坡在独立后对事关马来人种族敏感问题的言论管制非常严格，这都与此次冲突中得到的教训密切相关。

总之，这次冲突的消极后果是极其严重的。它在马华两族人民心中所造成的阴影在很长一段时期内难以消除，严重威胁着新加坡的国家稳定，制约着社会、政治、经济等方面的发展。1965年新加坡独立后，不得不将种族问题置于生死攸关的地位，尤其是如何对待作为少数种族的马来人、如何制定适合他们的种族政

---

① 方军祥、李波：《种族和谐的新加坡》，载《当代世界》2004年第7期。
② 赵文春、张振国：《瞩目新加坡》，第82页，北京：中国城市出版社，2004。

策，以及怎样做出调整以适应变化了的新情况，这些都是历届新加坡政府工作中的重大事宜，是要优先办理的。

第二节
社会思潮的变迁

忧患意识

新加坡一百多年的殖民统治，不仅使国民饱受欺辱，备受奴役、压迫之苦，更重要的是，长期的殖民统治给生活在这个小岛上的人们的心理和精神造成了难以泯灭的伤害和摧残。殖民统治者在进行资源和财富掠夺的同时，还进行制度的输入、文化的渗透和价值的移植，不同的宗主国给新加坡国民带来的是不同的社会制度、不同的文化、不同的生活方式和不同的价值观念。这种不幸的历史造成新加坡国民缺乏国家、种族的认同感和归属感，价值观念混乱，国家意识淡漠。因此，新加坡建国以后一直面临的一个十分现实而又艰巨的任务就是如何消除殖民统治带来的影响，重新构建新加坡国民的种族意识、国家意识和价值观念。

　　所幸的是，新加坡凭借得天独厚的地理位置和人民行动党的有效领导，自20世纪六七十年代以来，经济获得飞速发展，国内政局持续稳定，人民安居乐业，呈现出一派繁荣景象。然而新加坡领导人却清醒地意识到，"不论新加坡现在是多么的繁荣，多么的强盛，我们还是必须认清一个基本的事实，那就是，我们的局限性和脆弱性并没有改变。这种局限性和脆弱性使我们的生存永远面临着一种挑战。"[①]

　　作为一个海岛小国，新加坡的国土面积只有718平方公里，人口547万[②]，自然资源十分短缺，连淡水都要依靠进口。尤其是在当时，除了少数加工业外几乎没有自己的种族工业，经济发展以转口贸易为主，具有较强的外向型特征，对外依赖程度比较高。这样的自然条件和发展水平是新加坡政府提出共同价值观的重要原因。政府懂得，只有使国民丢掉优越感，有忧患意识，才能使他们齐心协力、自强不息，建设好国家。

　　时任总理李光耀在1972年"教师联合会第二十六周年纪念会"上指出："新加坡的生活，并不只靠着更多的旅馆，更多的宴会，越来越多的餐厅，更多的汽车……更多的十三个月薪金——这一切固然是需要的，但是，如果我们在发展过程中迷失方向，不能认识自己，把自己和那些不同类的混淆起来，……那么以上所说的一切都将是徒然的。"[③]现任总理李显龙也指出：

---

①马勇：《90年代新加坡的精神文明建设及其对我们的启示》，载《东南亚南亚研究》1997年第1期。
②数据出自世界银行官方网站（2014）。
③[新加坡]王永炳：《新加坡的儒家伦理教育》，载《孔子研究》1990年第1期。

"我们须谨慎观察，即使风暴已经过去，危险还是存在的，而我们接下来可能会面对更多挑战。"凡此种种情况，使新加坡人民行动党和政府认识到，必须通过构建共同价值观来加强全民共识、缓解社会危机、增强国民凝聚力。可以说，新加坡领导人的忧患意识是新加坡提出共同价值观的重要基础。

国家合作主义

新加坡脱离马来西亚后，人民行动党地位巩固的同时，越来越感到在领导现代化的过程中，必须使党的利益与国家的利益尽可能一致起来，政权才更具有全民性和合法性。过去偏左的路线在很大程度上更代表下层群众的利益，这不利于工业化进程和发展市场经济，于是，新加坡的政策逐渐右调，企图建立一种具有超阶级的全民性的政治路线，体现为国家合作主义的政策和意识形态。[1]

20世纪60年代以来，人民行动党推行和发展的国家合作主义有着深刻的历史背景，可以追溯到第二次世界大战之后、新加坡种族主义运动兴起之时。当时，新加坡的种族主义运动趋于成熟，而英国由于在"二战"中失败，权威大大降低。面对新加坡的现实，人民行动党萌生了国家合作主义的思想，并在执政后广

---

[1]李路曲：《新加坡现代化之路：进程、模式与文化选择》，第330页，北京：新华出版社，1996。

泛予以发展。

国家合作主义产生和发展的政治原因主要有以下四点。第一，工人运动的激进潮流和资产阶级的软弱是国家合作主义产生的基础。五十年代新加坡社会主义思想的传播激起了持续高涨的激进工人运动。当时，主张社会主义路线的林清祥等控制的工会会员已达四万余人，他们构成了新加坡工人运动的主流，控制着运动的方向。李光耀和人民行动党的其他领导人清楚地看到了这一点，采取了与林清祥联合的政策，以壮大自己的势力。但他们为此付出的代价是必须向左转，依此调整党的路线。当然，也应看到，人民行动党之所以能与左翼工人运动联合，是与它本身在当时坚持民主社会主义这一偏左路线的事实以及当时反殖斗争的需要分不开的。虽然这种运动从实质上来说是一种种族主义运动，但它采取的斗争方式不是推动社会的渐进演变，而是一场社会革命。尽管英国殖民政府在交出权力时是通过和平方式完成的，但毫无疑问，这首先是种族革命运动的力量强大所致。不仅是传统的斯大林的社会主义思想中的国家观念与国家合作主义有某些共同之处，例如它们都主张实行集权主义政治，而且，这种革命方式对国家合作体制的形成也有很大影响。国家合作主义作为一种强制推行的政治体制和强制推行的意识形态，与革命斗争的惯性密切相关。同时应该指出的是，新加坡的资产阶级在与这股激进的种族主义力量进行竞争方面，显得软弱无力。当时，新加坡还是一个以商业为主的国家，中产阶级中最有力量的是商业资产阶级，但是他们在政治上和经济上与殖民政府的联系过于密切，享有不少特权，因而与种族主义运动的方向很不合拍。尤其是他们主要使用英语，与大多数华人群众隔阂很大，更使他们得不到群众的支持。而工业资产阶级还未形成，或者说还很不成熟，因而也就没有自己独立的集团利益，推不出能代表集团利益的强有力的政党。当时，许多企业主和商人都通过与激进工人运动有姻亲关系的人来讨好和支持工会。显然，资产阶级的软弱无力也是激进主义取得成功的重要原因。

第二，国家合作主义是民主社会主义和儒家政治文化相融合的产物。人民行动党和李光耀都曾大力提倡过民主社会主义，在上台执政之前，他们以民主社会主义为建国蓝图。民主社会主义主张政治多元化，有多种形式的公有制并存并允许私有制发展，是一种计划与市场相结合的政治经济模式。但这种一厢情愿的主体性选择与新加坡的现实有很大距离。因为在占社会多数的华人大众中，儒家政治文化的积淀非常深重。这种文化使人对"仁慈的家长式"的政府有一种认同心理。对于普通民众来说，"一方面，他们渴望得到权威的保护，以避免相互倾轧和财富被剥夺。这就使他们把一元的有绝对权威的政治领导看成是'自然的'现象；另一方面，他们又畏惧这种严厉的权威，避免与'猛虎般的'政府权威发生摩擦"。在这种文化机制中，少数精英的参政意识十分强烈，他们怀有一种救世型的心态，认为由自己管理国家是义不容辞的义务；而大众的政治心理则与此相反，认为管理国家是政府的事情，与己无关。面对这个现实，新加坡领导人认为儒家思想与民主思想可生互补不足之效："只有儒家思想，没有民主制度的保障，儒家的以民为本、以民为贵的思想不能落实；若只有民主观念，不辅以儒家伦理补之不足，民主制度也会产生不少流弊，无法更理想地实现。"就新加坡的现实来说，反对党的存在以及其他民主因素可以说是民主社会主义和西方化的体现，而人民行动党的集权统治则是儒家政治文化的张扬。当然这种儒家的集权主义是被改造过的，因为家长式政治毕竟不利于体制功能的区分化、专门化和法制化，而新加坡的政治体制在这方面已经非常现代化。由于个人受到严格的道德约束而建立起守纪律和稳定的社会秩序，这是儒家政治文化的内化，而法律的无处不在又不能不说是现代民主社会主义和西方文化的发挥，这就是国家合作主义的体现。

第三，维护种族和谐是国家合作主义产生的又一个促成因素。新加坡是一个多元种族的社会，种族矛盾曾长期困扰着政治领袖和各族人民。建国之初，各种族的原始忠诚和传统的种族文化积淀都还很坚固。20世纪60年代，华人和马来族曾发生过多次重大冲突事件。印度人和其他人种也有自己的种族感情和政治平等要求。因此，推行一种国家合作主义来缓和种族矛盾，很有必要性。对此，人民行动党政府在两个方面采取了措施：一是在组织结构和国家体制方面，一是在政治行为和文化行为方面。人民行动党在1954年成立之初就注意到了保持种族平衡，在党内成立了马来事务局，负责吸收马来族干部，处理马来事务。七八十年代，在培养党和政府的接班人时，马来人和印度人都占相当的比例。另一方面，人民行动党政府提出和不断完善"新加坡人"的

标准，以重塑种族心态。六七十年代它曾提出"新加坡人"应是
"一个乐于维持一个多元种族的、乐于助人的、向前看的社会"
的人。从这里我们不难看出，维持种族和谐不仅一直是塑造新加
坡人文化心态的重要内容，而且它与"国家至上"这一中心内容
有着必然的联系。只有标榜国家至上，才能做到抑制种族沙文主
义，而且只有种族和谐，才能保证国家至上，也只有树立国家的
权威，才有利于维持种族和谐。因此，在新加坡这样一个多元种
族的社会中，多元种族主义成为国家合作主义的基础，是有其必
然性的。

第四，一党为主的政治体制需要国家合作主义作为自己的意
识形态。人民行动党希望长期保持一党独大的地位，就需要有与
这种体制相适应的意识形态，因此，国家合作主义应运而生。因
为一党独大的政治体制是人民行动党在1963—1965年击败社会主
义阵线后初步形成的。这一时期，伴随着一党独大的政治体制的
形成和完善，国家合作主义的理论和政策也在不断发展，无论是
在指导思想上还是在实际推行的政策上，人民行动党政府都积极
地推行各社会团体和各阶级之间的合作，并在此之上确立国家的
仲裁地位，从而使国家凌驾于社会之上，从制度上巩固一党独大
的政治体制和人民行动党的统治地位。

国家合作主义产生的经济原因同样深刻而富有现实意义。种
族运动取得胜利之后，种族独立国家的政府出于与前殖民主义的
对立情绪，往往采取一种经济上闭关自守和自给自足的发展路
线，这对国家的政治发展也有着深刻的影响。经济上的自给自足

和不依赖对外贸易，势必导致在本国范围内加强协调和联系，这就使国家在制订经济计划和指导社会发展方面的作用急剧扩展。同样，在一个较为封闭的国家中，与外国打交道的主要是国家，而不是企业或其他较小的单位，这也会大大扩展国家的作用。而在国内的各个单位之间，这种自力更生的政策可以促进它们互相依赖，从而产生一种种族团结精神。还有，对于发展中国家来说，在与发达国家存在着巨大差距的情况下，为了尽快缩短现代化进程，赶超先进，它们往往不得不设法获得从经济结构中无法获得的推动力。这就是动员全种族的热情，进行比先期发展的现代化国家广泛得多、热烈得多的社会动员，而这只能由国家来进行，也就必然会大大促进国家权力的扩展，新加坡即是如此。这些都是促进国家合作主义产生的因素。

新加坡式的国家合作主义之所以没有在其他许多发展中国家得到发展，是因为它们曾一度把与前殖民国家乃至整个发达国家的对抗和自给自足的政策绝对化了，这就导致了过度的集权主义甚至专制主义，即只有"国家"而没有"合作"可言了。其中有多种原因，但很重要的一条是它们不具备重商主义的传统。

新加坡自开埠以来，由于其得天独厚的地理位置，一百多年来一直以进行转口贸易为主要经济形式，是世界性的自由贸易港。这种经济传统已经变成一种文化心理和经济伦理渗透于整个社会，制约着国家的政策制定。加之新加坡是一个城市国家，国内无资源可开发，市场又小，迫使它不得不重视商业贸易。重商主义促使新加坡面向世界，成为一个经济上全面开放的社会。要开放，要进行自由贸易，就要有完善的市场，就要有独立的经济法人。而要有独立的经济法人，就必须在政治上对其予以保护，并反映他们的利益，这就是国家合作主义中有限的利益表达的基础。因为上面谈到的各种因素的制约，新加坡还不完全具备实现多元化的利益表达形式的条件，所以，国家合作主义就成了现实可用的体制形式。国家合作主义是新加坡社会中各式各样的利益群体或个人按照一定的方式组成社团组织，并以国家为中心形成一种特定的合作关系模式。

从体制上看，国家合作主义有以下四个特点：第一，这些法定社团组织的组成方式是多种多样的，既可以按职业来组织，如工会和商会等，也可以按政治态度来组织，如各个政党组织，还可以是经济的、社会的、宗教的、地缘的和血缘的等等。

第二，在这种合作体制中，一些社团是由政府直接建立的，因此，它们一开始就受到国家的控制。全国职工总会就属于这一类。而另一些组织，像各式各样的地缘组织以及旧的文官队伍等，是进行了必要的改造后把它们纳入合作体制的。前者的头面人物被吸收进民众联络所管委会、居民委员会等半政府性的地方管理机构之中，因而他们的组织自然也就受制于政府了；后者是在人民行动党执政后接受了思想意识和行为方式上的改造，改变了殖民心态，并吸收大量的会说华语的当地人加入文官队伍，使其成为了贯彻人民行动党政府意图的得力工具。还有少数社团被允许在国家合作之外发挥作用，如反对党。新加坡一直有反对党存在，目前有二十个左右。这些反对党在选举和组织上都对人民行动党形成一定的压力，对政策制定有一定的影响。最具独立性的当然要属教会，它们在精神领域发挥着重要的作用，但政府给它们的活动划了严格的界限。因此，在30多年的时间里，它们的大多数活动是有利于国家合作和政治稳定的。

第三，主要的法定社团组织的结构在很长一个时期内保持一种传统的形式，在近20年逐步民主化。例如全国职工总会在成立之初就是中央集权制和等级化的，它一度是全国唯一的工会组织，其理事会和秘书长是最高的领导机构。虽然组织上它并没有十分严格的结构，然而实际上下面的各级工会都隶属于它的领导，它对下面的各个工会组织有很大的约束力。一般来说，它的政策与政府的意向基本一致，有政府的支持，下面的工会必须贯彻执行。新加坡的企业也大都通过商会组织来表达自己的利益和要求，因而商会的作用在日益增大，它们的组织结构也变得复杂起来。商会的这种上情下达和下情上达的桥梁作用，促进了其内部的统一，使其制定的政策越来越具有一致性和约束力。这种一致性和对其成员的约束力便利了政府对它的控制，使它在大政方针上始终与政府保持一致，从而加强了"国家合作"。

第四，人民行动党政府是这个体制的中心。政府通过相互参与和掌握仲裁地位来制约各种社团组织。它不仅与全国性的社团组织互派代表，担任彼此机构的职务，而且通过让它的各级行政组织和公务人员参与地方性的社团组织来直接领导它们。这样，各种社团组织就很难形成与政府对抗的独立力量。

从利益表达方式和权力分配来看，国家合作体制又有以下三个特点：第一，在国家合作体制之中，各个社团组织在一定程度上可以表达自己成员的独立利益。一般来说，政府与各社团组织交流的渠道是比较畅通的。例如，通过半官方、半民间性的民众联络所、居民委员会和人民协会等组织，可以把最下层的群众和社会团体的利益要求反映到政府的决策层中，各种地方社团组织的头目被邀请与这些地方组织共同商讨，为制定地方政策提供决策依据，这就加强了下层与政府之间的合作。在各大商会中都设有向政府进行咨询、提供信息的对政策制定施加影响的专门机构和渠道，政府也主动征求它们的意见。全国职总在政府各部门都有代表，政府也派代表在职总工作，一般来说，职总的秘书长都由政府的副总理担任。各种社会组织都可以发表不同意见，对工资、就业、文化、教育、社会甚至政治问题提出不同意见，对此政府一般不采取强制性的压制手段。但在根本问题上，例如涉及政治稳定、对最高领导人的公开批评、罢工、游行、种族要求、语言问题和社会运动等活动时，政府则采取严格的措施予以控制和指导，使其不越雷池一步。

第二，国家合作体制不鼓励体制之外的利益表达。例如，新加坡有大量的工人没有参加工会，他们没有制度化的和有效的表达渠道，也很难享受到工会会员享受的保护。反对党也是在国家合作体制之外存在的一个压力集团，它们的利益表达也受到严格的限制。然而，从另一个角度来看，由于政府对反对党采取了较为严格的控制措施，例如除大选的10天之外，不允许反对党举行公开的集会和发表反政府言论，议会中仅有的几名反对党议员虽然可以在议会中自由发表言论，但传媒受到控制，因此其作用十分有限。这就使得反对党在很大程度上成为一个陪衬，成为群众发泄不满的一个渠道，正像有些日本公司让雇员在心理失衡时击打总经理的橡皮塑像以保持心理平衡一样。因此，在国家实行严格控制的条件下，反对党不自觉地也充当了国家合作体制的一个平衡阀。反对党虽然对执政党和政府有压力，但又无力直接影响政策制定，执政党从反对党的政见和群众对反对党的支持中了解民情、调整政策，获益匪浅。这可以说是新加坡合作体制的利益表达和权力分享的又一特色。当然，在近十几年来，体制外的利益表达已经发展起来，新加坡政府在寻求一种新的"合作"方式，即在民主的体制中进行以人民行动党为主导的合作。

第三，国家以仲裁人的身份来制约各社团组织的利益表达和权力分享。除制定严格的法律并依法行事外，政府并不直接介入各种利益冲突，而是超脱于各种矛盾之上。在市场体制中，各独立法人都有处理自己内部事务的权利和义务，政府没有必要介入其中，包揽所有事务。这样做的好处在于它使得各种社会矛盾往往不会针对政府，而是发生在各社团组织或各社会群体之间，否则等于引火烧身。从新加坡的情况来看，工人要求提高工资或争取劳动权益，往往造成的是工会与雇主之间的对抗，很少把矛头指向政府。这就使政府处于比较超脱的地位，在它们之间的矛盾激化时出面调解，显得比较公正。这种仲裁地位保护了政府的形象，巩固了国家的中心地位。

国家合作主义的实质，实际上是国家介入社会的程度和发挥什么作用的问题。在合作主义的国家中，国家在一切公共领域都扮演了合作者与指导者的角色。它从不放弃介入社会的任何一个方面，这是它与西方国家所不同的地方。同时，除了对少数反对派进行镇压以外，国家也很少使用强制手段，而是以调解和说服为主，辅之以法律手段来贯彻自己的意志。这是它与传统的集权主义国家所不同的方面。

国家合作主义又是一种合作意识和合作制度，尤其是为建立一种超越阶级对抗和弥合其他分裂因素的新的社会合作而服务的意识形态和体制形式。按照人民行动党的观点，阶级差别是人为制造的，至多是19世纪西方工业化时期的产物。而国家合作主义可以超越阶级观念，是各个功能不同但互相依赖的社会组织为它们的共同目标——种族国家的富强而奋斗的一种种族团结精神，也是国家的意识形态。按照国家合作主义的理论，在实行国家合作的社会中，各社会团体是一种互相依赖和互相平等的关系，国家可以按照各社会团体的不同功能及作用的大小把不同的权利和义务强加于它们身上。同时，为了国家的利益，如政治稳定和经济发展等，国家可以对任何组织和个人进行约束甚至镇压。在这里，处理一切事务的原则是"国家利益"。凡是符合"国家利益"的行为都是正确的，否则就是不正确的。而"国家利益"是由人民行动党政府界定的，因此，所谓国家合作就是社会各团体在政府指导下的合作，社会团体本身的自主性受到一定的限制。它既不同于西方资本主义——自由市场与多元政治相结合的政治经济体制，也不同于传统的社会主义——政治经济一元化的体制结构，而是介于两者之间的一种体制。新加坡的合作主义体制正在向更加民主和开放的体制演化，它越来越允许有不同的利益表达。

李光耀的务实主义

当今以政治和社会稳定、经济繁荣、科技发达而享誉世界的"亚洲瑞士"——新加坡，已经跻身于发达国家的行列，甚至在诸多方面超越了一些发达国家。它是当今世界第二大港口，又是世界第三大炼油中心和世界第四大金融中心，还是亚洲美元中心和东南亚航空、电讯、旅游中心等。这一切都与新加坡建国之父、前总理李光耀的名字紧紧联在一起，他被视为一位善于治国的领袖，一位独特的、成绩显赫的政治家。

在中国以外的国家，华人出身的一国政府首脑较罕见，李光耀可谓首开其端。李光耀是新加坡第四代移民，祖籍中国广东省大埔县。1923年9月16日，李光耀出生于一户殷实人家，父亲为其取名为光耀，寓意在黑暗中见到光明，希冀他日后光宗耀祖。他曾留学英国，律师出身，有着献身种族独立运动的政治抱负。1954年11月21日，新加坡人民行动党成立的时候，李光耀作为主要创建人之一当选为党的秘书长。1955年4月，他当选为立法议员。从此，他以议会为讲坛，为争取新加坡自治而大声疾呼。1959年5月，该党在大选中获胜，6月3日，英国被迫同意新加坡成为自治邦。李光耀出任自治邦总理，年仅36岁。

李光耀确实有他的独特之处。我们知道，在第二次世界大战后独立的新兴国家及东亚各国里，第一代政治精英一般是职业革命家，他们主要的政治生涯是争取和巩固国家独立，以此作为自己的事业和目标。他们通过长期的革命斗争或种族斗争取得了种族国家的领导权，但是此后在进行经济建设、法制建设和社会发展方面却并不是很成功。这虽然与当时国内的斗争形势和整个国际环境的矛盾有关，但主要与他们自己以及所领导的革命力量的革命惯性及其在斗争中形成的难以转型的意识形态有关，当然也与既得利益有关。

新加坡的第一代政治精英尤其是李光耀的双重特质非常明显。他具有长期受英语教育并长期留学英国的背景，与其他国家的领导人有所不同，李光耀的主要事业可以分为两个时代，一是作为职业革命家的时代，二是作为技术官僚的时代。应该说，作为职业革命家，他虽然没有像一些国家的领导人那样领导过大规模的种族运动或经历过革命战争的历练，但是长期的种族斗争也造就了他坚忍不拔的意志。或许更重要的是，作为技术官僚，在他身上体现着更多的现代性，这与他留学英国、以律师这种专业人士的身份和"合法"的身份领导种族斗争、通过选举担任总理并使新加坡一直在一定程度上允许反对党存在，有很大关系。

尤其是他积极推动市场经济和法治社会建设，这体现了他对现代化和现代国家建设的正确认识，也使新加坡能够比其他新兴国家更早地实行了市场化、法制化和民主化的改革，这在那个时代是非常难能可贵的。尤其是，他在1991年只有68岁，就明智地主动辞去总理职务，这在当时发展中国家的第一代领导人中也是唯一的。

建国之初，李光耀和他的同僚迎难而进，一方面整顿殖民时代的官僚机构，清除腐败文化，安定社会秩序；另一方面迅速改变旧有的经济结构，以多元化经济代替单一经济，制订经济发展计划，颁布法令，鼓励国内外投资，开发工业区，为工业化打下坚实基础。

李光耀奉行务实主义，他认为国富才能民安，故倾全力首先把经济搞上去，提高公共积累。他在改革经济、制定政策方面十分注意紧密结合新加坡的国情，清醒地看到了本国在政治经济上的"脆弱性"，在国内推行促进各族团结发展的政策，谋求安定团结，在国外不树敌、多交友，终于使新加坡从一个破旧简陋的港口城市变成了一个经济发展神速的新兴国家、一颗太平洋上的东方明珠。另一方面，他还兼顾精神文明建设，自1963年起发动了植树、清洁卫生、灭蚊、礼貌等活动，又由于长期坚持，成效卓著，使新加坡成为世界上有名的清洁城市和文明之都。

为了使独立后的新加坡能够摆脱种族骚乱、宗教争斗、劳资纠纷和学潮工潮的困扰，迅速发展经济、提高生产、增强各族人民的凝聚力和归宿感，新加坡在李光耀的领导下大力探索在全社会建立一个共同的、作为新加坡立国之本的价值观念体系。这个体系的核心就是向西方学习而不全盘西化，保持东方传统文化的精华而要去其糟粕，始终清醒地对待东西方文化。这与李光耀本人是海峡华人（本土华人）后裔、留学英国，有一些身在异族中的个人经验与反思有关。他深信儒家价值观能够促进新加坡乃至东亚的经济发展[①]，于是决心复兴传统文化，儒学热潮随之兴起。

1988年8月30日的《海峡时报》截取了时任总理的李光耀在新加坡国立大学对学生说的一段话："只有受了高深教育的人，才能具有偏向西方化的那种双文化程度，……在中间与较低的阶层，大体上还是一个亚洲社会。……这个问题，将在未来10至15年愈加严峻。……如果我们没意识到那些对我们产生作用的刺激因素，而在看到某些人因某些行为方式而看似获得成功时，便自动接受那些行为方式，那么，我们将有失去核心价值观的危险，并不自觉地吸收一套不适合我们这个群体与环境的另一套价值观。"李光耀显然是担心那些"双文化精英"可能受到西方思潮的过度影响，以告诫的姿态奉劝年轻人在接受西方价值观时多加警惕，不要过度否定亚洲社会应有的东方价值观。

可能是巧合，在这一演讲15年后的2003年，李光耀再次提起了"双文化精英"。不同的是，这次是以褒义的方式来定位这

[①]吕元礼：《亚洲价值观：新加坡政治的诠释》，第14—16页，南昌：江西人民出版社，2002。

批青年。步入21世纪，当李光耀提起"双文化"，其首要的考量是，新一代的年轻人是否有能力在日后的国际社会上，特别是在商业与贸易往来当中左右逢源。

李光耀的这一思想，也体现在日后新加坡政府对文化的态度和政策上。伴随着经济的快速发展，新加坡较好地兼顾了物质文明和精神文明的平衡发展，这在很大程度上也提升了新加坡的软实力。新加坡的文化软实力可从政治制度和政治文化、社会制度和社会模式、意识形态和价值观念、文化多元与整合、文化艺术、教育科技等多个方面来进行分析，可概括为高效清廉的政治＋新加坡特色的民主社会主义＋基于儒家伦理的共同价值观＋和谐的多元文化＋优雅的文化艺术＋腾飞的教育科技。[1]

新加坡面对西方社会的文化渗透，坚持自己的共同价值观不变，并且力图用传统的儒家文化来消解西方文化的消极影响，成功建立了一套"非西方化"的发展模式。新加坡始终如一地用自己的"软实力"展现自己，在国际舞台上受到尊敬，为世界所认识。新加坡人是诚实善良的，是乐于助人的，在道义上赢得了很多朋友，也影响了他人。他们在世界范围内广泛开拓商机的同时，也把属于"软实力"的东西带了过去。

新加坡能够以一个弹丸之邦，在世界发展历史上写下属于自己辉煌的一页，很大程度上正是以海纳百川、兼容并包作为基

---

[1]陈强、黄红星：《试析新加坡的文化软实力》，载《东南亚纵横》2013年第1期。

础。历经多元环境、多元种族、多元信仰，经过半个世纪的发展，在这片土地上生活的人们，逐渐形成了为大多数人所接受的共同价值观，其产生的种族凝聚力光耀全球。只有继续珍惜并且发扬这些优秀的价值，才是团结各种族一起，为新加坡的未来共同努力的最有效方法。[1]

---

[1]《联合早报》（新加坡），2012年5月31日。

新加坡
熔铸共同价值观

第二章
共同价值观的述评

　　它可能在相当程度上反映了政府的主观意志，在为人民行动党的目的服务，企图以过多的传统来适应现实。与社会急速的现代化进程所引起的多元化和不断高涨的民主与自由的呼声相比，它的作为有时会受到限制。

第一节
共同价值观的产生

领袖提倡

如前文所述，新加坡作为一个典型的移民国家，拥有多元种族、多元宗教、多元文化，而且历经英国、日本殖民，建国后经济又快速发展，引发了多元价值的冲突。尽管有20世纪70年代的文化再生运动为弥合多元种族、多元宗教、多元文化、多元价值而做出努力，尽管有领导人的启蒙、有国家忧患意识的教育，但这些也只是一次次零散的尝试，缺乏系统性，没有建成一种各种族共享的国家价值。

为了根除殖民地时期留下的种种问题，以及抵制在引进西方文明的同时伴随而来的物质至上等消极因素的影响，引导人们建立崭新的国家意识，使各种族产生稳固的国家意识、种族意识，形成共享的价值观念，以应对价值观多元化和价值冲突普遍化的发展趋势，新加坡政府逐渐认识到构建国家价值观的重要性，它成为20世纪80年代政府亟待解决的重大问题[1]，于是，"有国籍"的共同价值观教育被提上了议事日程。1988年10月，新加坡第一副总理吴作栋在对人民行动党年轻一代所做的演讲中，第一次公开建议新加坡发展自己的国民意识，制定一套各种族和各种信仰的新加坡人均能接受的共同价值观，以作为未来社会和政治稳定的基础，并号召在全国范围内开展关于共同价值观问题的讨论。[2]

可以说，新加坡政府要打造共同价值观，有其深刻的历史的和现实原因，吴作栋的提议可以看作政府为建设共同价值观运动剪了彩[3]，实际上，这也是新加坡人民行动党和政府基于新加坡的特殊国情和变化了的形势而采取的一项积极的应对措施[4]，说明新加坡政府认识到，要想保持国家的社会稳定和经济发展，就必须在全社会和各种族确立"共同价值观"。

吴作栋提出这个倡议的背后有三个因素值得注意：一是为了应付西化的挑战。正如前述，当时的新加坡社会处于急剧变迁时期，人民普遍接受英文教育，受到西方文化的影响，社会有完全西化的危险。因此，有必要提出一种新的价值观，以建立新加坡自己的价值体系。二是为了弥补儒家文化的不足。新加坡是一个华人占多数的国家，但却又是一个由多种族组成的多元种族社

---

①唐晓燕：《多元价值观视域下社会主义核心价值观建构初探——兼与新加坡共同价值观相比较》，载《丽水学院学报》2010年第1期。
②Goh Chok Tong，'Our national ethic'，Speeches，Vol.12，No.5，1998，p13。
③高伟浓：《新加坡"共同价值观"析》，载《东南亚研究》1992年第1期。
④郑汉华：《新加坡共同价值观及其启示》，载《高等农业教育》2006年第1期。

会，只把儒家文化作为社会的共同价值观，必然会引起其他种族的不满，引起种族摩擦。因此，有必要建立起一种各种族都能接受的共同价值观，同时，也有对传统的儒家思想进行现代性的改造以适应现代化的需要。三是在社会和价值体系都在发生急剧变迁的现代化进程中，有必要确立一种有别于传统价值观的现代价值体系，它既要保留传统价值中的精髓，又要融入现代因素。从政府提出共同价值观的动机来看，其主要目的是用维护和弘扬传统价值观的方式来对付西方价值观的急速传播，但又不可能完全把传统的价值体系照搬到现代社会中来，因而在新加坡提出的共同价值观中，不可避免地要具备现代社会中应有的价值观，在传统文化中融入现代文化的内容。

吴作栋的提议引起了社会各阶层人士广泛而深入的讨论，许多团体组织都在公共讨论会上发表意见，并向政府提出积极的建议。1989年1月，黄金辉总统在第七届国会的演讲中对吴作栋的建议做了完善和补充，并进一步提出共同价值观的内容，即：国家至上，社会为先；家庭为根，社会为本；求同存异，协商共识；种族和谐，宗教宽容。这四点内容形成了共同价值观的基本轮廓。

国会批准

经过一年多的认真讨论和辨析，新加坡逐渐形成了基本共识，1990年，新加坡政府提出了"一个种族、一个国家、一个新加坡"的口号。1991年1月4日，总理吴作栋向国会提交了政府制定、广大国民参与讨论的《共同价值观白皮书》。

政府在提交给国会的《共同价值观白皮书》中宣称，共同价值观是基于新加坡各种族传统文化的基本精神，并吸收了某些现代西方文化的内容而制定的。经过国会内外的广泛讨论，在审议时接受孟建南医生的提议，把"关怀扶持，同舟共济"，"求同存异，协商共识"两条分别修改为"社会关怀，尊重个人"、"协商共识，避免冲突"；与黄金辉总统的四条相比，第三条关于社会关怀的内容是新增加的。1991年1月15日，国会正式批准了《共同价值观白皮书》，对"共同价值观"进行了最完整、最准确的官方阐释。《共同价值观白皮书》指出：作为年轻国家，各族人民仍未有共同独特文化，如果我们不采取任何步骤来发展共同价值观，那就无法增强国家的认同感。于是政府提出各种族和各宗教信仰的人们都能接受的五个共同价值观："国家至上，社会为先"（Nation Before Community and Society Above Self）；"家庭为根，社会为本"（Family as the Basic Unit of Society）；"社会关怀，尊重个人"（Community Support and Respect for the Individual）；"协商共识，避免冲突"（Consensus，not Conflict）；"种族和谐，宗教宽容"（Racial and Religious Harmony）。

第二节
共同价值观的解读

我们宁可拥有纪律

"国家至上，社会为先"是李光耀所维护的"亚洲价值观"的一部分，正如李光耀所说："许多亚洲国家不接受西方过分尊重个人而牺牲社会利益的价值观，这些价值观将导致社会混乱，我们宁可拥有纪律。"因此，在处理国家、社会、社区、社团和个人之间利益关系时，意味着"应该将国家和社会利益放在首位，特别是个人应无条件地服从国家和社会的利益"[1]，也意味着当国家利益和社会（社区）利益发生冲突时，社会（社区）利益要让位于国家利益，国家利益具有至高无上的地位。正是在这一价值理念的指引下，在每次经济危机面前，新加坡政府和人民都能够团结一致，同舟共济，克服重重困难，使新加坡经济社会走上正常的轨道。

这一条的确立首先是由政治传统所致。新加坡领导人认为，国家利益先于个人利益，是新加坡过去取得成功的重要因素。正是由于坚持这一原则，才使国家克服了以往的艰难险阻。例

---

①王凌皓、张金慧：《新加坡中小学"共同价值观"教育探析》，载《外国教育研究》2007年第3期。

如，20世纪70年代英军从新加坡撤军，1985年出现全国性的经济衰退，前者使政府的财政收入减少2/3，后者使新加坡在经济高速增长近20年后突然出现了负增长，使政府不得不宣布两年内全国雇员不得增长工资。在这两次困难中，新加坡人以国家利益为重，上下同舟共济，尤其是工人表现出了很强的自制力，才使国家安然渡过了这两次危机。在儒家社会中，除了极端贫困和反对外国统治者的原因之外，很少会出现民众与政府激烈对抗的行动。相对来说，新加坡人没有十分贫困的时期，因此，他们也没有与政府对抗的传统，没有激烈的斗争习惯，表现出比其他种族更强的自制力，从而表现出对国家的服从。

文化背景也是选择这一价值观的重要原因。无论是华人还是马来人，其传统文化中都强调国家和社会的中心地位，面对工业化进程中社会价值观的急速转变和对政府传统权威的挑战，政府认为有必要利用传统的价值观进行应战。社会的价值体系是不可以随意塑造的，它是在思想文化领域中长期经受挑战和应战的结果，是根植于社会大众心灵深处的。政府要想对新的价值观做出应战，可资利用的武器也只能是传统的价值观。儒家思想强调国家高于社会、社会高于家庭和个人的观念，成为新加坡社会有效的"黏合剂"，有效地促进了国家、社会、家庭与个人的关系。从实践上来看，亚洲还没有哪一个社会已经全盘接受了西方文化，像西方那样确立了个人主义的中心地位。正是基于这样一些判断，新加坡政府才把这条原则拿来并放在了最重要的地位。

家庭是力量的源泉

"家庭为根，社会为本"是指家庭是社会的根，要重视家庭的作用，通过维持一个传统而健全的家庭来促进社会的发展和稳定；同时社会是本，比家庭更为重要，两者犹如一个硬币的两面，只有家庭和睦幸福，社会才能够团结稳定，而只有社会稳定，家庭的幸福安康才能够真正实现。

在新加坡工业化和现代化过程中，无可避免地出现了婚外恋蔓延、离婚率上升、单亲家庭增多以及孤寡老人处境艰难等家庭问题。这些问题严重影响着社会的稳定，甚至影响到新加坡在国际上的形象。因此，使每个新加坡人树立"家庭为根，社会为本"的家庭理念，促成每个家庭的稳固和睦，在某种程度上也就稳定了社会，树立了良好的国际形象。

新加坡政府指出，近几十年来，在许多西方国家中，家庭日趋解体，家庭的传统功能日益衰败，离婚率上升，两性关系放纵，单亲家庭增多，子女独居盛行，老人处境悲惨，新加坡正受到这股西风的侵蚀，家庭问题越来越严重，势必要影响到社会的安定和下一代的成长。因此，有必要维护家庭的和谐与稳定。

就新加坡的社会现实来看，家庭的解体是一种超常的现象，它应该受到抑制；而家庭的核心化虽然速度略显过快，其势头也应有所抑制，但其主流和发展方向是无可厚非的。所以，新加坡人面临的真正问题不是对它进行何种限制，而是如何对与其有关的社会机制进行调整。在新加坡，人民推崇的夫妻相处之道不仅要以正确的婚姻观为基础，而且要求大家都能为"家和"做出调整、改变、配合，这样即使夫妻之间出了问题，也比较容易解决。其中的秘诀在于他们在婚姻关系中提倡一种"委身"（Commitment）精神。所谓的委身于彼此，是指个性成熟的男女双方，在婚前承诺将彼此一生托付给对方，对彼此负责。维持委身精神、守住婚约最基本的要素是对婚姻的忠诚和责任心，此外还要在教养孩子方面达成共识，寻找夫妻之间的共同兴趣，举办一些纪念仪式或活动，比如庆祝结婚周年或定期重新宣誓婚约等，这些都体现了夫妻双方对维系夫妻关系和家庭完整所做出的努力。

家庭可以说是以婚姻和血缘关系结成的人类生活的基本组织形式之一。在西方社会家庭观念日趋淡化的背景下，新加坡政府坚持儒家文化传统，大力宣传家庭的价值，强调家庭的意义，促进家庭的功能，这些做法依然值得借鉴。

亚洲人权观

"社会关怀，尊重个人"是指关注和保护个人的权利。在任何一个现代社会中，个人的权利都应该受到尊重。但是，个人与国家或个人与社会永远是一个矛盾统一体，个人的权利经常与国家和社会的权利发生冲突，在这种情况下，如何处理它们之间的关系，如何界定个人与国家、社会的边界，各自应分享多大的权利，每个国家和社会都有很大的不同。在现代西方社会，个人的权利主要是指人的自由权与政治参与权，而在新加坡，则主要是指人的生存权与发展权。

在对这一点进行解释时，新加坡政府指出，在强调国家和社会利益至上的同时，也要照顾到个人的应有权利，因为它体现了人的价值。在新加坡社会中，每个人所享有的权利是受到尊重的，是不容侵犯的。在自由市场机制下，优胜劣汰是市场经济运行的基本法则，在这种情况下，既有通过刻苦勤奋获得财富的成功者，也有一些"时运不济"的失败者。作为"好人政府"的新加坡政府，不仅要肯定竞争中的优胜者，也要照顾到被淘汰出局的一群人，帮助他们解决一些迫切的需要，这样才能使新加坡成为一个富有人情味的社会。那么，要以何种方式对他们进行帮助呢？新加坡政府认为，首先是要建立一套完整的社会保障机制，以保障每个人在任何情况下都享有基本的生活权利；但更重要的是帮助他们解决发展的需要，例如就业培训，用现代技术装备他们，使他们能够自立，重新投入到竞争中去，这样才能从根本上解决他们的生存问题，其原则就是社会要向每一个人提供平等竞争的机会，保证比较公平的分配。

关于现代社会中个人应该享有哪些基本权利的问题，东西方近几十年来一直争论不休。李光耀是较早提倡亚洲人权观而且影响较大的领导人之一。他认为，在当今180多个国家中，推行英美式以个人自由、自主、放任发展为主轴的法治国家实在屈指可数，不过20多个国家，如欧洲部分国家、美国、日本、澳大利亚、新西兰等国家。其余大多数国家仍挣扎在脱贫、创业、治安、教育和免于饥饿的基本任务之上。对于这些国家的百姓而言，如何获取生存权、劳动权，比什么言论自由权、政治参与权更重要。因此硬把西方的人权和自由价值观套在东方人的身上，是两三百年来西方政治宰割、经济剥削和文化渗透的帝国主义和殖民主义政策的延长。[1]李光耀还说，"或许，西方必须自我承认，居住在其他大陆的人民和具有牢固文化传统的其他文化群体，即使没有欧美人认为必须具备的民主结构，也可活得非常快乐。"[2]

　　李光耀在这个问题上实际涉及了一个问题的两个方面，即东西方在人权问题上的差异是社会发展水平所致，还是文化差异所致，抑或兼而有之？如果是发展水平所致，那么发展水平与自由人权是一种什么样的关系？如果是文化差异所致，那么是否亚洲人永远都不会享有西方式的人权？有趣的是，李光耀并不曾把话讲得绝对，他在一些场合也谈到，将来亚洲的人权也会发展到西方的水平，只不过现在时机还不成熟。如果解决了生存和发展问题，自由会随之而来；如果经济发展了，民主迟早也会来到。实际上，东西方领导人在这个问题上的分歧，主要不是发展水平和文化差异所造成的对人权和民主的认识的不同，而是在亚洲现有的发展水平上，人民到底应该享有多大人权的问题。新加坡人不

---

①洪镰德：《新加坡学》，第164页，台北：扬智文化事业股份有限公司，1994。
②新加坡联合早报编：《李光耀40年政论选》，第573页，北京：现代出版社，1994。

可谓没有民主，也不可谓没有自由，实际上近十几年来，它在这方面仍然有明显的发展。

团结就是力量

"协商共识，避免冲突"是指在处理各种关系、解决各种问题和矛盾时，应该通过广泛讨论来达成共识，通过协商对话的方式来加以解决，而不是各讲各的理，各行其是，尤其是不能采取对抗的形式激化矛盾。新加坡《共同价值观白皮书》在谈到这一点时说，团结是新加坡的珍贵资产，要十分珍惜；而要团结，首先必须具有忍让精神，如果缺乏忍让与求同存异的精神，社会就会成为一盘散沙，危及国家的稳定。这条共同价值观强调的是政府在处理问题时不要唯我独尊，而要以和为贵，特别是在处理涉及全社会重大利益的问题时，政府要尽量容纳不同种族、宗教和阶层的意见，并尽可能达成一致意见。当分歧不可避免时，有关方面要互谅互让，通过协商对话消弭分歧，把矛盾降到最低。这样社会才能团结一致，国家才能和谐统一，经济才能更好更快地发展。

1996年8月，吴作栋在发表国庆献词时指出："进入21世纪，我们面对一个比经济发展更重大的问题，那就是要使全民达成共识，决定我们要一个怎样的新加坡，然后共同努力达到目标。"他强调，政府的使命不能只是为人民制造舒适的生活条件，以及让创业者得到致富的机会，还必须不断培养、加强和重申新加坡人以一个种族为整体的意识，对国家做出承诺。"新加坡不是供人寄宿的旅馆，也不只是让人们赚钱的地方，新加坡是我们的家园。"他说："假设新加坡人的心目中，只知道各种房地产的价格，却不知道共同家园的价值，每个人就会各走各的路，新加坡大家庭将四分五裂。"他强调，我们必须明白，一个完整的国家，需要有团结合作的国民，假使我们不团结，其他一切都会失去。成语说"国破家亡"就是这个道理。他说，当年，新加坡从来没想过能离开马来西亚而独立，因此，如何成功地保持一个国家的特征，一直是我们面对的基本问题。他指出，新加坡作为一个"国家"，在语言、文化、历史、价值观等方面，条件仍不是很足够。因此，"我们现在必须完成比发展经济和创造美好生活更重要的工作，那就是培养新加坡人的认同感和建立国家的特质"。[①]

社会稳定的"安全阀"

"种族和谐，宗教宽容"是处理种族和宗教问题的一个最基本的原则。在新加坡，种族问题与宗教问题是紧密相关的。一般来说，不同的种族都信仰不同的宗教。在新加坡，宗教问题主要

---

① 《联合早报》（新加坡），1996年8月9日。

是尊重少数种族的宗教信仰问题，尤其是尊重马来族的伊斯兰教信仰的问题。因此，政府曾经出巨资修建富丽堂皇的伊斯兰教堂。然而自20世纪80年代后期以来，基督教会和佛教会也加入了进来。在八九十年代，宗教介入政治生活的事件时有发生。因此，政府一方面划定严格的界限，不允许宗教干预政治，另一方面提倡宗教宽容，不仅要求各教之间和谐相处，而且要求它们不要与政府争夺权利。

种族和宗教和谐被认为是新加坡的"基本财富"，因为政府认为种族和宗教问题就像一块布，撕破容易缝合难，稍有不慎就会酿成大祸，不仅社会稳定难以为继，就是国家统一也无法维持，后果不堪设想。所幸的是，由于新加坡政府多年来苦心经营，新加坡的种族和宗教问题得到较为成功的解决，1969年以来再也没有发生过种族冲突和社会动乱，为世界上许多国家所称道。这一方面说明新加坡政府付出了艰巨的努力，另一方面也说明新加坡这块社会"织布"已有较大的滚合力。新加坡领导人在谈到这个问题时也非常自豪地承认了这一点，与此同时也指出，新加坡非常注重从具体政策措施入手，把种族、宗教的平等与和谐渗入到新加坡人的日常生活中。正因为做出了巨大的努力，所以从政府到普通百姓，对种族和宗教和谐都倍加珍惜。

新加坡的宪法、内部安全法令、煽动法令、诽谤法令等对各种族权益以及维护社会稳定与宗教和谐的问题都做出了明文规定，以确保不发生宗教冲突。此外，新加坡政府还成立了"少数种族权利总统理事会"，以确保政府的任何法令不对少数种族不利。为了预防激进的宗教界领袖和信徒忽视新加坡维护多元宗教社会的现实，1989年，政府发表了一份《维护宗教和谐白皮书》，确保各宗教不得互相斗争，不得涉及宗教以外的世俗事物。

新加坡政府认为，解决种族矛盾的根本关键在于消除种族间的经济差距，特别是消除华人与马来人之间的经济差距。为此，新加坡政府对马来人实施优惠的经济政策，提供他们上学、就业的机会，让他们尽快富裕起来。为了各种族之间能够和谐相处，新加坡政府还消除语言障碍。政府规定：华人、马来人和印度人除拥有自己的种族语言外，还要以英语作为各种族共同语言，推行两种语言政策，而且英语、华语、马来语、泰米尔语均为官方语言，英语则为行政用语。这种语言政策对于维护各种族的团结和国际经济文化的交流，起到了积极的促进作用。

混合学校也是一种有效的手段。过去的新加坡学校是按种族建设的，华人有华人的学校，马来人有马来人的学校，印度人有印度人的学校，学校教的也是各种族的语言。这样一来，种族之间的交往就很少。后来，政府出台政策，把所有的学校进行调整，按区域划分，各种族学生到同一学校就读，统一以英语教育教学为主，同时也进行本种族语言教育。这样，就促进了种族之间的融合。

新加坡的移民特质使得包括马来人在内的各种族在很长一个时期中都难以建立起对新加坡国家的广泛认同。正如李光耀所言，"我们有的是广府人、福建人、客家人、马来人、印尼人，……大家混乱地生活在一起，唯一的共同点是受英国统治了

140年。我们突然独立，但是不是一个种族。"①而且"在移民背景下，人民与土地之间、人民与政府之间很难产生强烈的认同感，缺少浓厚的爱国主义感情"②。

殖民统治时期，英国对各族实施隔离管辖，造成了马来人和以华人为代表的外来种族在经济地位和职业上的明显差别；日本占领新加坡后，大肆挑拨种族关系，其优待马来人的政策为日后马华两族在政治上的冲突埋下了更大的隐患。1950年、1964年、1969年的种族骚乱表明，"除非各种族与宗教和谐相处，否则无论是占人口多数的华族还是任何少数种族，都无法取得繁荣和进步"③。

尤其是1964年的马华种族冲突，这不只是二者仇恨情绪的偶然爆发，也是在新加坡两大种族矛盾长期积累的情况下和外部各种力量的推动下发生的，成为一年后新加坡被迫独立的直接因素，并对独立后新加坡的马华种族和谐和马来人种族政策的制定产生了重大影响。独立之初的新加坡国内满目疮痍，国外强敌环伺，形势错综复杂。实际上，直到20世纪90年代之前，多元文化在促进新加坡繁荣的同时，也给这个历史短暂的国家提出了一个巨大的难题。各种族生活习惯不同，宗教信仰各异，思维方式迥异，价值观更是五花八门，"多种族构成的国家具有政治上的统一性与种族和文化上的多元性。政治统一与种族及文化的多元每

---

①《联合早报》（新加坡），1986年10月15日。
②曹云华：《新加坡的精神文明》，第19—20页，广州：广东人民出版社，1992。
③龚群：《新加坡的道德价值取向》，载《上海师范大学学报（哲学社会科学版）》2006年第3期。

每构成种族国家政治体系中的基本矛盾"①。

然而人民行动党的领袖们领导人民摒弃他们本身的种族、语言和宗教成见，朝着一个更容忍、更合理和更有结合力的社会迈进②，始终坚持"种族和谐"这个核心价值理念不动摇。在这种"和谐"价值理念的指引下，新加坡政府认真地进行实践，因而它没有像东南亚其他多种族多宗教国家那样出现种族和宗教冲突，而是各种族、各宗教、各阶层之间和平共处、相互宽容、共同兴旺。

20世纪六七十年代，新加坡采取了刻意淡化华人意识、在各方面优待马来人的种族政策，以此来抚慰作为少数种族的马来人，让他们获得心理上的平衡，从而尽可能避免因种族问题而影响国内的稳定局面，也通过这一政策来缓和与周边的伊斯兰国家的外交关系，避免它们对新加坡采取敌视态度。

到了80年代，又对以前的政策实施了一定程度的纠偏，在方针指向上又偏向华人，回归华人本位，这体现为政府开始用华人的传统思想——儒家哲学伦理作为官方主流思想，对包括马来人在内的各个种族进行思想上的灌输。不过当然，为了稳妥起见，政府还是在一些领域对马来人继续实行优待。90年代不再像80年代那么大张旗鼓地宣扬儒家伦理了，政府在隐蔽的语境下推出"共同价值观"，强调马来人和其他种族的共同参与感，潜移默化地改造着马来人，使他们能够在精神上真正与新加坡融为

①周星：《民族政治学》，第90页，北京：中国社会科学出版社，1993。
②新加坡联合早报编：《李光耀40年政论选》，北京：现代出版社，1994。

一体。

2001年发生于美国的"9·11"事件也对新加坡的种族问题产生了重大影响，新加坡政府逮捕"伊斯兰祈祷团"成员的行动引发了国内马来人的不安，但政府积极应对，出台一系列专门针对马来人的政策，再次稳住了局势，成功化解了这次自新加坡独立以来国家稳定和种族团结所面临的最大危机，多种族的国家重现和睦景象。[①]

新加坡享有数十年的和平与和谐，并非偶然，而是宗教领袖凭着强烈的献身精神与决心努力维护的结果。一个国家的成功靠的不是经济实力，而是人民的品德和价值观。我国社会价值观与各宗教倡导的美德有许多共通之处，在政府积极推广这些共同价值观的同时，宗教团体也需肩负重任，协助人们"内化"这些价值观，塑造社会"品德"。

新加坡的宗教非常复杂多元，但举国上下有共识，加上宪法的明文规定，学校与社会的共同价值观教育，新加坡宗教和谐总统理事会、全国教会理事会、族群互信圈、新加坡宗教联谊会等组织的共同努力，各宗教团体互相宽容尊重、和谐共处，已成为世界上闻名遐迩的典范。更令世人感到不可思议的是，在新加坡清真寺挨着华人寺庙而建，兴都教和基督教堂比邻而立，近年来更有华人宗教与兴都教共用一个庙宇的情况，这不可说不是奇迹。[②]

---

① 郭卫平：《独立以来新加坡马来民族政策的历史考察》，苏州大学硕士论文，2011。
② 《联合早报》（新加坡），2009年7月25日。

新加坡伊斯兰教理事会理事长阿拉米·慕沙（Mohammad Alami Musa）透露，调查显示73％的穆斯林支持和赞成和谐中心模式，积极参与跨宗教活动。"我国有十大宗教，还有许多其他小教派，所有宗教领袖随时准备聚在一起，通过对话解决任何问题，哪怕是很敏感的课题。这在世界上是少有的，我们必须好好维持这个宗教和谐的绿洲。"

新加坡全国教会理事会会长纪木和会督也说："我们生活在一个多元文化的社会，了解彼此很重要。"'建立桥梁'这个平台可以让不同宗教在互相尊重的基础上，更深入地认识彼此的信仰和传统。"新加坡人文协会会长关文玮没有宗教信仰，他受访时说："根据2010年的人口普查，17.1％的新加坡人没有任何宗教信仰，但这并不妨碍我们参加跨宗教活动，因为我们秉持的价值观与宗教团体倡导的大同小异，所以我们也支持'建立桥梁研讨会'。"

"政府将积极推广这些共同价值观，尤其是通过学校的品德教育课，但宗教领袖和团体也有重要的角色要扮演，特别是协助人们内化这些价值观，从而塑造我国社会的道德品格。"

长期以来，政府在处理种族和宗教关系方面积累了丰富的经验，形成了一套易于操作的方法和原则。通过让马来人免费上学来提高马来人的文化水平，以使他们与华人享有平等的竞争机会；在选拔官员时保证马来人和印度人都占有一定的比例；实行多种族杂居政策，鼓励人们交异族朋友等等，这些措施都促进了种族关系的和谐。然而，新加坡的种族关系还有待进一步发展。

在一些发达国家，不同种族的人之间可以公开地进行批评和表扬，就像对待本种族的人一样，没有多少顾忌。由于每个种族都有自己的优缺点，因此，这种批评和表扬是正常甚至必要的。但是在新加坡，政府是不允许不同种族之间进行公开批评的，包括个人行为也被禁止，唯恐会激化种族矛盾。这样做在过去50年来确实稳定了种族关系，不过从社会发展的角度来看，每个种族都不应拒绝来自异族的善意批评，而应该做到宽宏大量、兼容并蓄，这样才能发展自己。

新加坡《共同价值观白皮书》指出，种族与宗教和谐是新加坡得以稳定和发展的最重要的基础之一。鉴于历史的教训和经验，以及现今仍然存在着的各种族在文化、语言、宗教和社会习俗等方面的巨大差异，政府把这一条作为各族人民的生活准则提出来，这是十分有益的。

第三节
共同价值观的评论

共同价值观的提出，是新加坡糅合东西方文化、弭除种族差异所创造的一种国族或国家意识，是根据现代社会的发展而对儒家思想进行时代诠释之后的逻辑发展，是新加坡领导人一再强调的东方价值观、儒家价值观、亚洲价值观和东亚价值观的具体化，其核心精神在于通过家庭、社团、种族、宗教之间的和谐及稳定的关系来维系和巩固国家和社会安定团结和发展的局面。在这当中，国家作为各种社会机制的总代表，充当主动协调者的角色[1]，可以说，这一共同价值观的确立，成为新加坡人国家认同的价值基础。正如李光耀所言，"这些准则、价值观以及教条将能塑造完整的未来的新加坡人"[2]，从而成为凝聚国家人心的重要精神纽带。

　　共同价值观提出之初，确有不少人感到疑虑，有人怀疑这是政治意识形态，意图钳制人民思想，甚至担忧政府排斥西方文化，意图把儒家思想强灌给包括非华族的国人等等。但是，《白皮书》的辩论与公布，基本上消除了人们的疑虑。它明确地指出：西方化已帮助新加坡走向现代化，不是所有的西方价值观都是坏的，也不是所有的东方价值观都是好的，提出共同价值观的概念，完全是为了保存新加坡社会的精髓，并将其传给后人。

　　1999年11月，在新加坡人民行动党成立45周年的庆祝活动上，时任总理吴作栋在谈到价值观时指出："每个国家必须有个机构来团结国家，新加坡人民行动党在过去45年里成长壮大，成为唯一能够团结国家的机构。我党的价值观非常重要，已成为国家价值观，协同国家团结起来。今后，我们走向何处？我们必

---

①陈祖洲：《试论新加坡国民意识的形成》，载《江苏社会科学》2002年第2期。
②新加坡联合早报编：《李光耀40年政论选》，第395页，北京：现代出版社，1994。

须更进一步确立价值观念。"推行共同价值观的24年来，尽管新加坡曾面临1997年的区域金融危机，2001年的"9·11"恐怖事件，2003年的"非典"肆虐以及目前全球性的金融海啸所带来的负面影响，但它与周遭区域国家比较却相对安定，重要的原因之一就是共同价值观已经产生了效应，民众愿意与企业和政府一起分担经济紧缩带来的生活困难。①

多年来，新加坡政府一直不遗余力地大力维护、倡导和践行共同价值观，以此作为价值选择和道德评价之标准，消解民众在价值观、文化信念和行为方式等方面的错位和迷失，构筑国民的价值认同与文化归属，大大增强了社会的黏合性与国家的凝聚力，增强了新加坡人的认同感和归属感，确保新加坡人在门户自由开放中不至于丧失前进的方向感。②"共同价值观能够引领个人、家庭、学校和其他社会团体以及整个种族朝一个共同方向前进，进而塑造出有优良品质的个人以及有着共同目标的团体，它也应该能够辅助国家在政治和经济方面取得发展。"③

共同价值观虽然从总体框架上带有较浓厚的东方文化色彩，但在内涵上已经相当程度上"现代化"了。如它虽然强调国家、社会、家庭对个人的优先地位，强调协商、共识、稳定和宽容的精神及其对竞争的优先地位，但同时也加入了尊重个人的原则，

---

① 《联合早报》（新加坡），2009年4月25日。
② 《新明日报》（新加坡），2012年10月1日。
③ Kuah Khun Eng, State, Society and Religious Engineering: towards a Reformist Buddhism in Singapore, Eastern University Press, 2003, p.191-192。

在保护传统价值的基础上适当地接受了现代价值的内涵。[1]共同价值观十分重视家庭的地位，并且主张对社会上的不幸者，国家和社会必须加以关怀、提携。应该说，这些内容渗透了东方文化中的优良传统，又对新加坡本土具有强烈的针对性和现实性。同时我们应该看到，运用国家和社会的力量来关怀家庭，本身就是一种现代与传统的结合，发达国家较早实现了国家和社会提供福利来关怀个人，不再是传统的国家和社会不承担个人福利的模式，而在新加坡则是通过关怀家庭来关怀个人，具有一定的共同性。现在新加坡已经有越来越多的人民群众不分种族、宗教、语言，产生了对这个共同价值观的认同感。

在政治参与的水平方面，新加坡虽然不如发达国家和一些东亚国家，但是它的参与有序而有效，同时参与度也比许多发展中国家要高得多。人民行动党的议员和政府高官与下层群众之间的接触与交流之多，也是很多发展中国家所不能比拟的。

需要指出的是，共同价值观虽然是人民行动党政府考虑到新加坡的历史、现实等诸多因素而制定的，但它仍在相当程度上是"钦定"的结果，是政府的一种期望，不完全是各种价值观"自由碰撞"和相互交融的结果。制定这一共同价值观的好处在于它有超前性，能够指导精神文明发展的方向，对社会中存在的不健康的文化现象和过时的文化予以摒弃；缺点是它可能在相当程度上反映了政府的主观意志，在为人民行动党政府的目的服务，这

---

[1]李路曲：《文化、政治与腐败——关于亨廷顿论新加坡有效治理腐败原因的一点质疑》，载《东南亚研究》2005年第1期。

在现实中已经有所反映。在实践上，共同价值观强调一致和稳定的因素多一些，但对共同价值的发展和变化重视不够，企图以过多的传统来适应现实，与社会急速的现代化进程所引起的多元化和不断高涨的民主与自由的呼声相比，它的作为有时会受到限制。实际上，人民行动党政府也在根据变化的形势不断充实共同价值观的内涵，以使它适应新的发展形势。

新加坡
熔铸共同价值观

第三章

共同价值观的培植

　　李显龙总理指出，上一代那种牺牲小我、完成大我的精神，新一代或许少了一点，尤其是这几年来大量移民的拥入，导致整体的国家认同感相对滞后，也导致加强国家认同非常困难。

第一节
政府行动：软硬兼施

成立国家意识委员会

国家意识是国民与国家之间的一种精神结合、情感结合，即国民认为自己是国家的一部分。自从新加坡独立后，尤其是经过多年的经济高速发展，为了应对西方价值观的挑战，新加坡政府十分注重培植公民的国家意识，大力倡导"一个种族、一个国家、一个新加坡"的观念，大力引导移民从落叶归根转为落地生根，强化国民对新加坡的认同感和归属感，塑造一个全新的新加坡。1988年，时任新加坡副总理吴作栋提出建立国家意识的建议后，政府专门成立了负责制定国家意识形态的"国家意识委员会"，并每年定期开展"国民意识周"活动，在国民中开展各种爱国主义教育，向国民灌输"我是新加坡人"的国家意识，增强国民对新加坡的认同感和归属感。

政府领导人也经常在公共活动及公开发表讲话中号召国民要牢固确立国家意识。1990年12月，吴作栋接任政府总理，继续将建立"一个种族、一个国家、一个新加坡"的优雅昌盛的社会确定为新政府的奋斗方向。他在就职宣誓中明确提出："新加坡人应该相互扶持、和平共处，每一个新加坡人，应不分种族、语言、宗教，有着共同的信念，那就是新加坡是我的家乡，是我的祖国，我生于此，也死于此。"1993年8月9日国庆典礼的主题是"新加坡，我的祖国，我的家园"，并举行"多元文化，共创和谐"的大型舞蹈活动。1996年，时任总理吴作栋在发表国庆献词时指出："进入21世纪，我们面对一个比经济发展更重大的问题，那就是要使全民达成共识，决定我们要一个怎样的新加坡，然后共同努力达到目标。"他强调："我们现在必须完成比发展经济和创造美好生活更重要的工作，那就是培养新加坡人的认同感和建立国家的特质。"①

人民行动党作为新加坡独立以来一直执政的政党，也注重运用执政地位带来的国家政权力量，把新加坡人"国家意识"的形成和巩固作为精神文明建设的任务。一方面，影响政府的政策制定和行政操作，另一方面推动立法，运用法制手段推进"国家意识"的建设，确立和巩固新加坡人的"国家意识"。可以说，人民行动党以"国家意识"为核心进行精神文明建设的过程，是一

①马勇：《90年代新加坡的精神文明建设及其对我们的启示》，载《东南亚南亚研究》1997年第1期。

场自觉的种族运动。[1]

　　从前文所述中我们可以看到，新加坡在东西文化有机整合的基础上重塑国家共同价值观，在处理经济发展与文化传承、宗教信仰与族群和睦等方面，探索出了一条不同于西方发展的东方模式，形成了独特的国家价值观。其中，政府和执政党的主导作用主要通过以下两种方式表现出来：一是从国家层面倡导共同价值理念，新加坡人民行动党一直以民本、包容和法治为其执政理念，并进一步概括出了具体的共同价值观。人民行动党元老李光耀提出"亚洲价值观"成为国家的指导思想后，根据形势的变化，人民行动党又提出了"共同价值观"，经国会通过后"成为整个国家的共同价值观"。二是制定各种构建共同价值观的政策方针。人民行动党为了使"亚洲价值观"（强调公平、正义、有序、伦理[2]）成为国家的指导思想，坚持"经济发展和社会稳定优先于民主与自由"的政策方针，推行"好政府"形象，培育社会民主与人权理念。

　　通过观察，我们还可以发现，新加坡政府在实施共同价值观的宣传教育方面体现出三个方面的特点，值得我们借鉴：一是发动全国性的普及宣传运动，大范围的宣传使"国家意识"家喻户晓；二是强调对青少年的教育，李光耀在独立之后第二年向数千名校长、教师所做的有关教育政策的演讲中就强调，对于未来一

---

[1]邵腾：《新加坡"国家意识"的形成及启示》，载《长白论丛》1997年第3期。
[2]张伟：《国外加强社会核心价值观建设的做法及启示》，载《当代世界与社会主义》2011年第2期。

代不仅要培养他们的学术修养和一般的良好品质，还特别需要培养他们的爱国思想和效忠意识，新加坡小学每天都进行升国旗仪式和宣誓仪式，以培育国家意识；三是注重长期性的宣传教育，新加坡政府深知"国家意识"的建立和巩固是一个长期的任务，为此，新加坡政府领导人几乎利用每一次宣传机会，强调"国家意识"对新加坡的重要性。

运动治国？

针对移民社会在种族、文化方面的多元性特点，新加坡政府一直非常重视国家意识的培育和种族精神的教育，每年都举办各种形式的国民意识活动。据新加坡有关部门统计，新加坡曾经发动过66项全国性的运动，到现在，每年开展的经常性的各种教育运动就有20多种，由此新加坡也一度被称为"运动之国"。开展的运动如"国民意识周运动""国语周运动""反吐痰运动""大扫除运动""消灭害虫运动""学习马来语运动"保持新加坡清洁和防止污化运动""生产力运动""防止犯罪运动""反对乱扔乱抛垃圾运动""尊老敬老周运动""忠诚国民意识周""全国礼貌月运动""华语文化月""马来族文化月""印度族文化月"等等，以及2003年新加坡政府新开展了"家庭周运动"，在全社会倡导孝敬父母、热爱家庭的观念。

担任1974—1986年间政府各项运动组织者的B. Nair说："在

那时，运动的目的是建立一个国家和在移民中培养主人公的感觉。"[1]可以说，新加坡政府发动的这些运动，力求通过确立人们都认同和接受的共同价值观来构建一个具有道德意识和凝聚力的社会，号召人们做"新加坡人"，大力弘扬"新加坡精神"，赢得了群众，也教育了群众，使国民通过这些活动去体验社会生活、关注社会问题，以增强对新加坡的热爱与责任，培养与人为善、互助友爱、尊敬老人、讲礼貌、讲卫生等良好品德，从而激发了国民的爱国热情，增强了国民的爱国意识，使人们对自己的国家产生了一种强烈的归属感和认同感，增强了社会内部的凝聚力和向心力，使人们在心理上真正认同"一个种族、一个国家、一个新加坡"，意识到自己是国家不可分割的一部分，决心为新加坡的发展和繁荣而奋斗。

这些运动的效果正如李光耀在1986年所说的："在过去的20多年里，政府推行了多种干预活动，使新加坡的社会文化面貌和形象彻底改变。"新加坡以运动的形式改变了国民性，有效地宣传了共同价值观，从而确立和巩固了国民的国家意识。在中国，人们一度对运动非常反感，那是因为在建国后相当长的一个时期里，开展了过多的政治运动，还制造了很多错案。但实际上，只要不搞这种政治运动，中国也还是可以且需要深入开展具有群众性的社会主义核心价值观的实践活动的，如开展"精神文明月"、各类"道德模范评选"、"心连心艺术团慰问演出"等活

---

[1]Susan Long: Welcome to Campaign Country[Z], The Sunday Times, May.25.2003.

动，实际上，新加坡的社会运动的形式与我国的这些活动的形式差不多，并没有游行等大规模的社会活动。我们通过类似的运动或方式坚持在各种类型的群众性精神文明创建活动中强化社会主义核心价值观，既能让每个公民成为核心价值观建设过程的参与者，也可以在社会转型过程中提高国民素质。

7 个频道 3000 小时

为了在国民中广泛宣传共同价值观，除了前文所述的每年开展"国民意识周"、"家庭周"、"敬老周"等全国性群众教育活动之外，新加坡还注重国民参与，如在起草《共同价值观白皮书》时，新加坡组织了约6000人参与的大讨论，而讨论过程本身就是传播过程。在吸引群众个体参与的同时，还通过人民协会等民间组织来宣传和维护共同价值观。

此外，新加坡共同价值观的传播还非常注重与日常生活实际相结合。如为避免空洞说教，新加坡综合运用讲授、辩论会、故事分享、写歌曲、头脑风暴、解决难题、典型示范、漫画等方法传播共同价值观，把单向灌输变为双向甚至多向互动。在2009年召开的国会上，裕廊集选区议员哈莉玛提出建议，为了让新移民更好地融入新加坡社会，应该让他们在申请成为新加坡公民之前接受考试。她认为，这将能确保他们了解和熟悉新加坡的核心价值观。设置移民考试环节来推动"认同新加坡的核心价值观"，有利于增加新移民对新国家的认同感。作为移民要了解当地的价值观，为这个国家创造价值，也通过这样做来体现自身的价值。①这一提议受到了政府的积极回应。

李显龙总理指出，上一代那种牺牲小我、完成大我的精神，新一代或许少了一点。他表示，个人及社区都应该在国家建设上承担一些责任，而不是处处以个人利益为出发点。由于新加坡长期以来是个开放的全球化都会，尤其是这几年来有大量移民拥入，使得民众整体的国家认同感相对滞后，也导致国家认同的加强非常困难。

针对这种情况，新加坡政府加强了媒体在传播共同价值观过程中的作用。不仅注重发挥报纸、杂志、广播、电视等传统媒体的作用，同时注重发挥互联网和手机等新型传播工具的功能，积极拓展宣传阵地，坚持正面宣传，禁止和严惩一切鼓吹西方民主自由、不利于共同价值观建设的言论报道，使其成为政府教育民众的得力工具，创造较好的舆论环境。如为了防止西方各种堕落的生活方式以及不健康的思想文化等对青少年的侵蚀和负面影响，新加坡政府借助法律杠杆对各种大众传播媒介进行严格管理。如政府把各种进口影片分成不同的等级，严格规定AR级的外国影片不能在居民区放映；如果21岁以下的青少年观看AR级的外国影片，一经查出，电影院就会受到惩罚，罚金高达2万新加坡元（约合12万人民币）。②

---

①《联合早报》（新加坡），2009年11月30日。
②刘宏伟、孙艳艳：《新加坡德育经验对我国的启示》，载《教育科学》2001年第1期。

新加坡广播管理局严禁媒体和网络宣扬任何关于暴力和种族、宗教仇视的言论，媒体十分注重对国家团结和种族和谐等内容的报道和宣传，竭力传播新加坡共同价值观。据统计，为了促进共同价值观的宣传，增加共同价值观的受众，提高共同价值观教育的覆盖面，新加坡不断拓展形式，开通7个免付费电视频道，每年播出大约3000个小时的公共服务节目。[1]这些节目运用丰富多样的传播形式，提高共同价值观建设的有效性，对共同价值观的传播和建设起到了事半功倍的效果，扩大了共同价值观的辐射力和影响力。

同心圆教育模式

在新加坡700多平方公里的土地上，分布着数百所小学以及152所中学、10所大专院校、4所本科院校，构成了新加坡庞大的教育系统。[2]新加坡政府把学校看成是实施共同价值观教育的主渠道，并为此做了大量扎实的工作。其中最有特色的恐怕是优化课程设置，推行"由近及远"的同心圆式的教育模式，从小学到中学再到大学，都开设专门的价值观教育课程，在内容安排上由浅入深，确保了价值观教育的连续性和递进性。这种教育方案把

---

① 《联合早报》（新加坡），2011年2月19日。
② 徐悦仁、刘素民、王默茵：《新加坡教育与儒家文化》，载《西安电子科技大学学报（社会科学版）》2000年第4期。

学生置于自我成长以及多重关系的教育中，即家庭关系、社区关系、团体关系以及个人与社会的关系中来进行，既强调自尊自强的重要性，也强调对父母的孝心、对兄弟朋友邻人的爱心，还强调对社会国家的责任心。

各级各类学校围绕"新加坡人"这一基本目标（新加坡人是指"一个出生、成长或居住在新加坡的人，他愿意保持这样一个多元种族、宽宏大量、乐于助人、向前看的社会，并时刻准备为之贡献出自己的生命；具有国家意识和正确价值观，有理性、有道德，明辨是非，能够抗拒西方颓废思潮和腐朽精神生活的好公民"）[①]，遵循教育发展规律和教学对象的身心发展特点，优化学校课程设置，将"国家意识"教育具体化，从小学到大学，循序渐进，逐层深化，表现出"国家意识"教育的层次性。

在新加坡，"共同价值观"真正做到从娃娃抓起。幼儿园有《礼仪能量》，教授儿童必备的58种礼仪常识，从一言一行、一举一动来规范和引导孩子养成"共同价值观"所倡导的道德品质。[②]

从1992年起，新加坡小学开始使用新的《好公民》教材，它由以新加坡教育部德育顾问巴尔赫切博士为组长的课程发展署道德教育组编写，是在原有的《好公民》教材基础上经过几次修订而成的。按照共同价值观教育的要求，课程编写者把开设这门课

---

①王静芳：《新加坡"国家意识"教育经验及启示》，载《太原城市职业技术学院学报》2010年第5期。
②李国娟：《新加坡中小学开展"共同价值观"教育的特色及启示》，载《外国中小学教育》2011年第12期。

程的宗旨描述为，培养具有以下美德的好公民：即社会利益高于个人利益，维护组成社会的家庭，加强种族和宗教间的宽容和相互体谅，协商解决问题。新《好公民》教材的主题有7个，即培养品格、发挥个人潜能、培养人际关系、肯定家庭生活的意义、促进社区精神、助长文化与高尚品德、发扬献身国家建设的精神；涵盖了35个德目，即把《好公民》课程设置为35个单元，分别是：仁（爱己、爱人、爱物）、孝（孝顺、缅怀祖先）、家庭和谐（手足情深、爱护家庭声誉、家和万事兴）、礼（尊敬别人、尊敬老师、尊敬长辈、守法）、责任感（对己、对家庭、对他人、公德心）、恕（容忍、为他人着想、原谅别人）、忠（爱校、以我校为荣、敬业乐业、爱国）、信（守诺言、自信）、诚、勇、毅、节俭慷慨（节俭、慷慨）、义（公正、平等）、协作精神、睦邻精神（睦邻、种族和谐）。课程内容的重点在各个年级各不相同，小学一年级以"个人"为中心，二年级以"家庭"为中心，三年级以"学校"为中心，四年级以"邻居"为中心，五年级以"国家"为中心，六年级以"世界"为中心。[1]其中，"个人"部分的主要目标是培养学生的自尊、自信、认识自我、诚实、自我责任感、节俭敬业、乐群、毅力、正直、勇敢、信守诺言等品质，一、二年级教育的重点是个人价值观和品德修养，三、四年级重点灌输公民意识和社会意识，五、六年级重点培养热爱祖国、忠于国家的意识。课文内容主要是以中国的传统

---

[1]王小梅：《新加坡基础教育在多元与整合中走向平衡》，陕西师范大学硕士论文，2008。

故事对小学生进行道德教育，如在四、五、六年级的课文中通过《勇敢的孙中山》《苏武会投降吗》《包公左右为难》《铁路工程师詹天佑》和《建设新加坡的国家领袖》等故事对学生进行爱国主义教育，通过《七步成诗》和《岳飞是个孝顺的儿子》等故事对学生进行家庭伦理教育，通过《烽火台起火了》《曾参的一日三省吾身》和《陶侃的母亲》等故事对学生进行诚实、慎独和廉洁自律的教育。整个教材遵循传统的道德观念，对学生进行有关社会、生活准则、道德责任、种族和谐，以及热爱祖国、忠于祖国等方面的教育，按循序渐进的结构逻辑从个人到世界放射性地扩展开来。低年级着重个人修养、个人与家庭、个人与学校方面的教育，高年级则扩展到个人与社会、个人与国家、个人与世界的问题。除了开设专门的德育课程，学校还开展了许多辅助活动如敬老周、关怀周、社区服务等，加强学生的价值观教育。[①]

关于中学教育，新加坡政府原先主要开设了"儒家伦理"课程，非常重视把儒家思想引入学校课程，主要根据当代的新儒家代表杜维明教授等人的指导意见编辑而成，对儒家伦理中符合现代社会需要的精华加以采用，并用现代的观点去进行解释，让学生们理解他们和父母所遵循的适当的生活方式的内在逻辑，进而把这种内在逻辑界定为个人成长或社会化的自我扩充过程和深化过程。这里把个人成长的过程设想成一系列的同心圆：从自我扩展到家庭、邻里、社区、国家、世界和宇宙。这个扩充过程，就

①王学风：《新加坡基础教育》，第160—161页，广州：广东教育出版社，2003。

是作为一个开放体系的自我充分开展、发掘其内在资源，把自己培养成一个关心他人的、有责任感的、目光远大的人的过程。以《大学》的"八目"为例，阐明自我修养的过程是从内在与外在两个方面不断深化的过程，是以修身为本，把格物、致知、诚意、正心作为内在深化的过程，把齐家、治国、平天下作为外在深化过程。内在或内化是自我完善的过程，外在或外化，是实现自我社会价值的过程。"儒家伦理"教材还对儒家伦理中一些十分抽象的概念进行了通俗、易懂、易实践的阐述。如中学四年级课本中有关"仁"这一课，面对古今中外对"仁"的多种研究和解释，他们只从三个方面向中学生讲授：从人的本性去了解"仁"、从自我修养去了解"仁"、从人与人的关系去了解"仁"。为了帮助学生学习"儒家伦理"，更加形象生动地把握中华民族的文化传统，新加坡课程发展署于1987年编写了《他们走过的路——儒家伦理辅助读本》，分中三、中四两册，包括40个人物故事。

1992年，新加坡教育部颁布了《公民与道德教育大纲》，规定所有中学必须按照该大纲进行切实有效的道德教育。《大纲》规定了中等教育必须培养的五大伦理价值观念，即国家利益高于社区利益，社会利益先于个人利益；家庭是社会的基础；支持社会，尊重个人；协商共识，防止冲突；实现种族和宗教平等。在此目标要求下，原有的"儒家伦理"课与其他宗教课程被取消，代之以统一的科目———"公民与道德"。该课程是在新修订的小学《好公民》课程纲要基础上的扩充，增加了国家建设、各种族之间共同价值观的认同以及各宗教与宗族的信仰与风俗等内容，从而打破了华人学生与非华人学生之间的隔阂。为了加强德育课教学，新加坡要求各学校必须设置道德教育室，规定校长必须兼任德育教育室主任。德育课分数要计入学生升学考试的总成绩中。①中学一、二年级的道德教育课程为"生活和成长"，偏重个人价值观和品德修养；三、四年级的课程为"新公民学"，重点是灌输公民意识和社会意识。

在大学，政府不再制定统一的公民与道德教育课程，而是把课程的设置与管理权下放到了各高校。各高校根据教育部的德育总目标，结合自身实际，确定德育的具体目标和具体内容。在共同价值观教育方面，各高校也开设了相应的德育课程，促进与巩固大学生共同价值观的形成。如新加坡国立大学社会学系开设的"新加坡社会"，南洋理工大学开设的"转型中的新加坡社会"、"全球化背景下的社会问题"等课程，通过介绍新加坡社会的起源、思想意识形态、种族关系、工业、家庭、性别、宗教等社会多方面问题，帮助学生全面了解新加坡社会，增强学生的社会认同感，培养学生共同价值观。南洋理工学院专门开设了"新加坡国民教育"课程，培养学生的国家意识和国家观念。另外，各高校还通过社团活动、社区服务活动等，引导大学生将共同价值观内化为道德信念，做到知行合一。

新加坡的思想政治教育也非常重视在教育教学方法和途径上

---

①夏家春：《新加坡公民道德教育特色及对我们的启示》，载《学术交流》2009年第3期。

不断改进和创新，不仅注重诸如《共同价值观白皮书》等理论上的说教，还非常重视社会实践环节。学校还注重发挥各科教学活动的"载道作用"和"渗透作用"，经常组织各种类型的课外活动，如参观监狱、参观禁毒展、参与社会服务等，做到寓德育教育于各科教学活动之中，使得政策和理论具有很强的可操作性，以提高教育的实效性。而且教育部规定学生必须选择参加一定的课外活动，如加入学生社团、参与社会服务等，新加坡政府还经常在社会上举办"睦邻周"、"礼貌周"等各种活动，借助活动培养和强化公民与人为善、互助友爱等良好品德。

此外，新加坡政府注意从小培养公民的爱国精神及对国家的归属感，在学校里注意从日常生活中对学生进行潜移默化的影响和熏陶。如小学生每天都要参加升国旗和唱国歌仪式，并举行升旗宣誓仪式，宣誓誓词为："我们是新加坡公民，我们宣誓：不分种族、语言、宗教，团结一致，建设一个公正平等的民主社会，为了实现国家的幸福、繁荣与进步，共同努力。"

面向21世纪，新加坡又于1998年发布《理想的教育成果》，提出了新加坡21世纪的教育目标。其中把理想的中期教育成果描述为：小学毕业生"热爱新加坡"，中学毕业生"熟知、信任新加坡"，初级学院毕业生"了解领导新加坡应具备的素质"。[①]《理想的教育成果》教育纲领体现了新加坡全国性教育制度培育个体、教育国民的两个基本功能，其出发点就是要培育青少

[①]李国娟：《新加坡中小学开展"共同价值观"教育的特色及启示》，载《外国中小学教育》2011年第12期。

年的爱国主义情操，让他们把新加坡当成自己的家园，是居住与奋斗的地方，这样他们才能更具奉献精神，把共同的家园建设得更完美，被征召时才能义无反顾地捍卫新加坡。2009年12月，新加坡政府公布了《理想的教育成果》修订版，针对年轻人每一阶段的教育，明确指出要将每一位新加坡人培养成为对国家、社区和家庭负责任的公民，而且使他们根植于新加坡，拥有强烈的国家公民意识。

1996年，新加坡教育部历时半年、花费40万新加坡元推进国家意识教育计划，目标是让每个新加坡人在求学期间，能够更全面彻底地了解新加坡国土狭小、自然资源奇缺和文化多元的国情，培养国民为国献身的公共精神。1999年4月，新加坡教育部课程发展署顺应社会发展需要把"好公民"课改为"公民与道德教育"课，课程内容也发生了相应变化。"公民与道德教育"课程包含5个主题和28个德目。其中5大主题是：个人修养、个人与家庭、个人与学校、个人与社会、个人与国家。"公民与道德教育"课旨在引导学生从认识个人开始，然后扩展到家庭和学校，最后延伸到社会和国家。这5个主题28个德目也构成了一个"同心圆"式的德育模式和内容体系，把"修身、齐家、治国、平天下"这一儒家伦理精髓通俗化、具体化、现代化了，可以说是对传统儒家"内圣外王"理论的创新性发展。三年级第五课《挂国旗》、第六课《八月九日到了》（注：八月九日是新加坡的国庆日）、四年级第六课《我们的信约》等，都是有关爱国教育的内容。三年级的《听爸爸怎么说》《我陪婆婆出门去》、四年级的《快乐的家庭》、五年级的《可爱的家庭》等篇目都是教育学生关心爱护家人、孝顺尊敬长辈，使学生对家庭具有认同感和归属感。配合7月21日"种族和谐日"的到来，各年级的"公民与道德教育"课都向学生介绍"种族和谐日"，四年级第三课就是《种族和谐日》。

"fine"？ "fine"！

在英国殖民者统治的大部分时间里，新加坡没有专门的立法机构，总督集立法、行政和司法权力于一身。在第二次世界大战中，日军占领了新加坡，打破了英军不可战胜的神话；同时，华人与英军并肩作战，培养了一种平等意识。随着战后英国殖民统治的削弱，新加坡建立起自治政府，种族独立。人民行动党上台之初，新加坡经济落后，法制松弛，百废待兴，然而不到20年的时间里，到20世纪70年代末期，新加坡就建成了一个社会安定、井然有序的法治国家，取得了举世瞩目的成就。尤其值得注意的是，在90年代确立共同价值观后，新加坡政府还试图通过严明的法治来保证共同价值观的推行。注重法治建设，以法促德，是新加坡共同价值观建设的重要特色。因为新加坡政府认为，共同价值观的构建和传播，必须有相应的法治作为基础和保障，必须通过立法、制度和执法来强制人们遵守共同的行为规范，形成良好而文明的社会秩序和社会风尚。新加坡完备的立法和严格的执法，不仅为共同价值观的构建和传播提供了有力的法治保障，而且把共同价值观在内的精神文明建设的许多内容纳入了法治化轨道，以详尽并具有操作性的法律条规对人们的行为进行引导和规范，收到了显著成效。

共同价值观本身并不是法律，但为养成人人讲道德讲文明的社会风气，新加坡颁布了一系列体现共同价值观精神的法律，并严格执行。如，1995年，新加坡制定了《父母赡养法》，以法律形式保证家庭价值观的实现。再如，新加坡的组屋政策规定，国民在购买政府组屋时，如果选择与父母同住或是住在距离父母1公里以内的地方，会得到10000新元的奖励，对于二世同堂、三世同堂的家庭给予价格优惠，同时还会获得优先选择房屋的机会。在组屋分配时，有意识地安排多种族混合居住，从空间和地理位置上消除种族隔阂。规定夫妻在孩子未满3周岁以前不能提出离婚，更不能为了离婚把孩子送给他人或送进护婴院等；规定凡国家机关工作人员、国家公务员、国有企业工作人员，在婚姻以外拥有情人或发生两性关系，均属违法行为。[1]

有奖也有罚，在外国人眼中，新加坡既是一个"fine"（好）的国家，同时又是一个"fine"（罚款）的国家。据新加坡统计局统计资料显示，1981—1990年这10年里，新加坡所收罚金总额为9.1亿新元（相当于人民币45亿元）。[2]据最新资料

---

①夏家春：《新加坡公民道德教育特色及对我们的启示》，载《学术交流》2009第3期。
②金湘：《腾飞的东盟六国》，第156-157页，北京：时事出版社，1995。

显示[①]，新加坡交通警察为更有效的取缔闯红灯行为，2014年3月开始更新取证设备，陆续投入全新数码摄像系统，在7个月内开出25833张罚单，比2013年全年的违例个案18796起多出超过3成。数码化的摄像机能即时传送录像到执法单位，无须经常取出及重新安装底片，并能全天候使用，显著提高执法效率。另外，数码摄像机拍下的画面更清晰，也能自动识别车牌号码，有助警方取缔违例驾车者。交警现在已能在10个工作日内发出罚单，比过去快至少一倍。警方人士表示，虽然违例驾车者仍属少数，但警方不会因此松懈。除了严厉执法，交警也会继续通过教育和社区推广工作提高公众遵守交通规则的意识。交警是根据路况评估、车祸次数和公众反馈来决定和调整摄像机的位置。闯红灯可被记12分和罚款200元，重型车辆则罚款230元，驾车者在24个月里有两次闯红灯记录，将被吊销驾照。2014年1–9月，有387名违例驾车者至少第二次闯红灯。

　　新加坡还有一些特有的法规和惩罚办法，比如：如果在街道和公共场所乱扔垃圾，被抓住超过一次，就要被罚穿上鲜黄色的夹克衫到街头进行公务劳动，甚至还会邀请媒体到现场进行报道；如果使用厕所后不主动抽水冲洗，就是违法。初次违犯者罚款150新元，再次违犯罚款500新元。两次以上者，每增加一次加罚1000新元；如果在地铁上或地铁站内吃食物，初犯者将被罚款30新元，一旦被控上法庭，重犯者可被罚最高500新元。此外，

---

①联合早报网：《今年七个月罚单比去年多　交警数码摄像抓闯红灯者更有效》，苏文琪报道，参见：http://www.zaobao.com/social/mix/story20141111-410460

新加坡对随地吐痰、随地大小便、随便攀折花木、乱吐口香糖、乱涂乱抹、乱穿马路等都要处以罚款或鞭刑、拘留甚至坐牢。其中值得一提的是，新加坡的罚款不同于其他国家，不仅项目多，而且数额大。如在禁止吸烟的地方吸烟罚款500新元，在路上乱丢弃垃圾和随地吐痰，除罚款1000新元外，还要挂着"垃圾虫"的牌子在繁华的地段打扫卫生若干天。

如今的新加坡被看作是一个法治国家的样板，那么，是什么原因使它取得了许多发展中国家所没有取得的成就呢？综观新加坡的法治道路，总结新加坡的法治建设经验，我们可以看到，李光耀和人民行动党政府发挥了不可替代的作用，并且新加坡政府也采取了一系列的措施。

李光耀作为剑桥大学法学院优等生，又长期从事律师工作，深刻意识到，要进行法治建设，不能凭领导人的主观意志和某些非法律的政治或意识形态的信仰来随意制定和使用法律，应该遵守法治建设的规律。他在上台之初就说，英国人给我们留下了很好的法律体系。他并没有因为领导反对殖民主义的种族运动而全盘否定英国的法律制度，他深知，英国的法律体制是长期实践和不断修正的结果，它已经扎根于新加坡社会，有很大的优越性，新加坡应该把它拿来，在进行必要的改造的基础上运用于未来社会。

新加坡政府主要采取了以下五个方面的措施来建设法治社会：第一，立法完备、及时，做到有法可依。新加坡现行法律已达500余种，法律调整的范围十分广泛，从国家体制到公务员管理，从种族宗教到商业活动，从城市管理到公民个人生活，都有相当完备的法律法规。例如，新加坡把学校的公民道德教育的大量内容纳入法制轨道，新加坡中小学的校规严格禁止下列各项行为：抽烟，随地吐痰，赌博，乱丢垃圾，涂写墙壁，破坏公物，说粗话，喊叫，吵架，说谎，偷窃，在走廊或阶梯上乱跑，浪费水电。规定在上课时间内，不得到校长、副校长或高级主任允许，不能离开学校。此外，还对校服、仪表、饮食等提出了明确而又具体的要求。除了立法完备之外，新加破还有一个重要特点，就是立法及时。很多处于转型中的国家就是因为立法跟不上变化了的形势，而导致诸多社会现象的失范。在新加坡，一旦发现某些行为无法可循或需要修正法律，国会很快就会做出反应，或者立法，或者修法。例如，1995年，国会根据国内情况的变化通过的新立法和修改的法律有：《赡养父母法》《雇佣法》《雇佣外国劳工法》《移民法》和《征用土地法》等，其中《雇佣外国劳工法》的修改，就为及时解决劳动力市场出现的人才短缺问题提供了法律依据。

第二，坚持在法律面前人人平等。很多发展中国家的政府都十分热衷于宣传自己的国家是如何如何的平等，宪法中也明文规定在法律面前人人平等，但实际上有很多高官凌驾于法律之上，违法乱纪，破坏法制，即使在其违法行为被揭露出来之后，处理也比一般的平民百姓要轻得多，这是无法建成法治社会的重要原因。人民行动党在成立之初就决心以实际行动而不是停留在口头上的承诺来反映人民的利益，这是"人民"和"行动"

党的起因。人民行动党执政后，李光耀等高层有意弱化党的功能，强化政府的功能，并没有凌驾于政府和法律之上，至高无上地领导一切，也不是事事都先经过党讨论决定，然后才交政府有关部门执行，这样以免造成一种在中央政府之上还有一个决策中心的情况。人民行动党只是在竞选、咨询、吸收人才和制定国家的意识形态方针方面发挥作用，或者主要是为了应付可能出现的政治危机而进行了一种组织准备。其他一切事务，如官员的任命、去留，对经济和社会事务的领导，国防外交等，均由国家和政府按照法律程序进行领导。具体来说，就是经济管理由政府各职能部门、立法由国会、司法由法院、军事由国防部、外交由外交部等来负责。在政府部门中，没有党的专门机构进行指导，党员的身份都是保密的，而且党员的数量是很少的，党不干政，党不涉法，党只管党，摆正自己在国家中的位置，而且从严治党，这是新加坡法治建设成功的一条重要经验。

在新加坡，自建国以来对高级官员进行严厉惩罚、不徇私情的例子很多，但找不出一件高级官员可以减轻或逃避惩罚的例子。例如，政府的商业事务局局长格林耐因骗取贷款而获"说谎罪"，于1991年被起诉。由于他长期从事与商业犯罪斗争的工作，是公认的"商业犯罪的克星"，曾亲自处理过轰动全国的七大商业案件，为国家追回1.5亿新元的资产，被誉为"杰出公务员"。但1990年，他向财政部申请一笔购买新汽车的贷款，却挪用来还一部旧汽车的帐；另外，他在某印尼商人尚未签约之前先后两次对新加坡的八达汽车公司谎称，该商人已签约买下某度假村，劝说该公司也投资300万新元。此案从1991年一直闹到1992年4月才最后定罪：判处格林耐3个月的监禁，开除公职，同时没收他因出任公职20年而积累的50万新元的公积金和30万的退休金。另外，李光耀也多次向法院起诉对他进行攻击的人和报刊，但没有一次是直接进行行政干预的。工人党领袖在1988年和1991年大选中都曾对李光耀进行人身攻击，前者是惹耶勒南攻击李光耀"逼死"前国家发展部部长郑章远，后者是黄汉金攻击李"利用权势搞裙带关系"，李光耀先后对他们进行起诉，通过法院的判决分别获得了26万和20万新元的巨额名誉赔偿。在领导人的带领下，普通人也总是通过法律来解决纠纷，而不是找政府部门，不会出现行政干预法律的事情。如1992年，有一位人民行动党的国会议员在高尔夫俱乐部打球时，十分粗鲁地把球打向前面的一个人，尽管没有打中，但已违反了应遵守的安全规定。因此，这个俱乐部决定停止这个国会议员的会员权利，在数月内不准他打球。坚持在法律面前人人平等，还表现在对待外国人的法律制裁上。例如，1994年判处在新加坡破坏公物的美国青年迈克菲鞭刑6鞭，尽管受到美国舆论的批评和美国总统的请求，新加坡方仍然坚持处罚，后考虑到美国总统的面子，才减为4鞭。这是不怕大国强国的压力，坚持按自己的法律定罪的故事。

第三，法律严明，执法严厉。新加坡不仅立法完备，而且法律规定的处罚特别严厉。这首先表现在它从未废除过死刑以及鞭刑。2004年初,国际特赦组织发表一份报告,称新加坡处死的囚犯占人口比率为世界最高。新加坡的人口虽只有500多万,从1991年至今,却处死了400多名死刑犯。[1]鞭刑在新加坡发挥了巨大的威慑力,有效制止了恶性犯罪的发生。鞭刑要求一鞭下去,皮肉皆开。执行鞭刑时,各大报纸的记者都会去拍照报道,第二天便传遍全国。比如,对于小偷小摸者一经抓获,将判鞭刑三鞭。鞭子是特制的,执鞭的人身高体壮,非常专业。行刑时要求先看到一条深陷苍白的鞭痕,尔后再慢慢看到血,不叫受刑者皮开肉绽都不算数。同时规定每次只笞一鞭,刑过之后,即让家人抬去医治,医好后再来笞第二鞭。一般被判三鞭笞刑者,至少要受一个月以上的皮肉之苦。所以,凡尝过这种"鞭三饭"的人,无不刻骨铭心。有人称这为重罚出文明。记得某记者曾在采访新加坡国民时问道:"这么严的法律你们是怎么过的?"新加坡人回答:"只要不触犯就行。"这也正如黑格尔所认为的,法律是规律的一种,是社会的规则,是人的规律,这种规律被人的理性所认识,并以共同意志的形式制定形成,遵守法律就可获得自由。可见,新加坡严明的法律不仅得到人们内心的认同,起到积极约束人们行为规范的作用,还使人们养成遵纪守法的良好行为习惯,为道德教育提供了良好的社会环境。奖惩不是目的,正如李光耀所说:"任何司法制度的严峻考验,并不在于其理想概念的伟大或崇高,而是在于是否能够在人与人,以及人与国家之

---

[1] 亚力克斯·朱熹:《新加坡第一》,高登伟译,第307页,台北:金陵图书有限公司,1982。

间，产生社会秩序和精神意义。"[①]再比如，法律规定对贩卖或进出口超过15克海洛因或30克吗啡的贩毒者，一律处以绞刑，这比绝大多数国家要严得多。

第四，提高执法人员的素质，树立法律的权威。新加坡政府非常注重提高执法人员的素质，严格挑选优秀人才充实执法队伍。执法人员主要分两类，一类是警察，一类是法官和律师。新加坡有支素质精良的警察队伍，一般都是法律专科毕业，文化素质和法学水平要比很多发展中国家的警察高很多，并且训练有素，责任心强，"违法必究，执法必严"。因为新加坡警察的破案率很高，尤其是对日常犯规行为，几乎有80%都会被他们看到，通常很多人在收到罚款单后才反悟到自己错在哪儿了。而且他们在执法过程中行为检点，秉公执法，深受群众的支持，也能够得到群众的协助。法官和律师的文化素质更高，很多都是从英国留学归国的，新一代的法官和律师更要获得硕士以上的学位，这就使他们对法律的理解更为深刻。另外，法官的职务非常神圣，一经当选，终身任职，除非失职，且待遇优厚。同时，法院有相对的独立性，不受一般行政部门的干预。法院的判决一经宣布，就必须执行，不执行者必会受到强制。这样，法律的权威就树立起来了。

第五，培养群众守法护法精神。除了严格执法以约束人民的行为，新加坡政府也非常重视教育。严格执法的目的不是为严而

[①]新加坡联合早报编：《李光耀40年政论选》，第320页，北京：现代出版社，1996。

严，而是要建立一个井然有序的法制社会，这就要求人民自觉守法。新加坡政府经常教育人民要有良好的生活习惯和行为规范，为此，各种媒体都开设"绳之以法"专栏节目，使每个人都置身于法制宣传的海洋，日复一日，年复一年，不厌其烦，自然就强化了人民的法制意识。新加坡政府还尝试各种有良好效果的宣传方式，如为了让儿童充分理解交通规则，不至于对交通宣传产生逆反心理，警署以生活化的方式让儿童亲身演习公路交通情况，有计划地把儿童送到公路安全公园，让他们开着娃娃车，按正常交通状况演习，教给他们在遇到各种情况和指示灯时该如何处理。对成年人，则多半采用惊吓的方式，每当发生一次严重的车祸，电视和报纸总是不停地播放现场人车俱毁的悲惨场面，让人触目惊心，难以忘怀，增强宣传效果。

从以上分析可看出，新加坡的共现价值观建设的成功是与多种因素的共同发展分不开的，不仅仅有政治因素的推动，有经济发展的成功作为基础，让社会福利政策惠及百姓，普及教育，提高民众的文化水平，而且也有法治建设成功的保障作用。因此，在我国推进依法治国战略的今天，注重法治建设在构建社会主义核心价值观方面的作用也是不可或缺的。

第二节
政府策略：虚实结合

全国对话会

新加坡政府非常重视凝聚社会共识。早在1998年，新加坡国会就在鼓励国民就21世纪发展目标进行对话和讨论，经过一年多的工作和舆论宣传，1999年5月，新加坡国会在6000人参与讨论的基础上，通过了"新加坡21世纪远景目标"，提出了饱含价值观内涵的"新加坡五大主题"：一、各尽所能，各有贡献；二、家和民旺，立国之本；三、机遇处处，人才济济；四、心系祖国，志在四方；五、群策群力，当仁不让。会后，设立"新加坡21世纪远景推动委员会"，以便同民间、私人企业界和公共服务部门接洽，商讨如何落实这一行动。

为了更好凝聚社会共识，新加坡政府还开展全国对话会。2012年9月，新加坡政府成立了由26名各界人士组成的"我们的新加坡全国对话"（Our Singapore Conversation）委员会，通过征询民众意见进行政策检讨，建立广泛的新时代共识。经过2013年的大力实践，新加坡全国对话会还走出国门，让海外新加坡人同样有机会参与讨论，勾勒他们对未来新加坡的愿景。

负责领导全国对话委员会的教育部部长王瑞杰在总结记者会

上说："政府高度重视全国对话所收集到的意见，各个政府部门在检讨当前政策时正参考这些信息。针对国人所提出的反馈和勾勒的愿景，李显龙总理将在国庆群众大会公布政府的回应。"过去一年，超过47000人参加了这项大规模的政策检讨和协商活动，开诚布公地谈论国家政策，共同塑造新加坡人认同的国家未来。王瑞杰说，对话会广泛且深入联系各领域的新加坡人，收集到多元的想法，让政府更透彻地了解新加坡人的诉求；国人也通过对话相互聆听，建立互信，理解彼此的观点。

全国对话分成两个阶段展开，通过三个平台进行。首阶段着重讨论较广泛的课题以形成愿景，第二阶段进入更具体的方案探讨。在平台方面，委员会借助网络媒体、一系列公民对话以及一项全国调查，向全国民众伸出触角。4000人参与的大型调查，让没能亲临对话会的新加坡人也能反映心声。调查发现，无论收入高低，新加坡人都把医疗课题列为最关注的三大课题之一。历时一年的"我的新加坡对话会"并没有总结成一份提出具体建议的报告书，不过通过这个平台收集到了广泛意见，进而总结出了国人的五大核心愿景，将促使政府在未来制定政策时改弦易辙。

王瑞杰说，委员会把参与者勾勒出的愿景归纳为五个主题：一是让社会充满机遇，无论家庭背景如何，都有充分机会和各种途径发挥潜能，追求理想，过更好的生活，在全球经济走势不明朗之际，保持经济稳定，确保劳动队伍有竞争力，创造更多优质的就业机会；二是同心同德，殊途同归，扩大社会对成功的定义，让人民有平衡和充实的生活，除了经济成就，也重视国家认同感，保存历史文化和集体记忆，尊重彼此的差异，鼓励国人守望相助，热心公益；三是让生活得到保障，让住屋、医疗保健和公共交通等基本生活需要更负担得起，促进社会集体承担的同时，强调自力更生和未雨绸缪，并通过提前规划应付不测，当不幸失业或至亲患病时，能获得援助渡过难关；四是互相扶持，不离不弃，打造社会共同价值观，强调家庭、社区价值观和社会凝聚力的重要性，尊重和照顾弱势群体，打造一个拥有甘榜精神、更团结和更有人情味的社会；五是互信互重，有所担当，期待有建设性和有意义的交流，对影响社会的政策发表看法，在人民与政府间建立互信和问责关系，探索更多讨论和信息公开的空间，观点分歧的国人，也应相互了解彼此的立场。[1]

为期一年的"我们的新加坡对话会"咨询过程，提炼出了国人对于未来的五大愿景，一年的交流热潮也通过民间自发的对话活动扩散。全国对话的结晶是一本名为《"我们的新加坡对话会"回顾与展望》的刊物。与过去的官方报告不同，这本刊物志不在于记录具体的政策建议，而是忠实地反映了不同的意见和观点。参与者明白，没有一项政策或制度是完美的，不过与其压抑个人的不满，或让自己对政策的批评和意见在网上或咖啡店里流传，不如选择积极站出来，透过"我们的新加坡对话会"做出反

---

[1]《新明日报》（新加坡），2013年8月11日。

馈。他们希望自己的声音获得聆听,秉着只有把想法说出来,才能共同推动改变的精神,与决策者一起寻找解决方法,增进社会的凝聚力。[①]

文化、社区及青年部代部长黄循财说,"我们的新加坡全国对话"是在审视和检讨21年前所制定并采纳的"共同价值观"。他相信通过新一轮的对话国人会更清楚,作为一个国家,哪些价值观是大家共同推崇的。他相信有些价值观可能保持不变,有些会有些许修改,也可能出现一些新的价值观,但通过这一过程,国人能对之前的"共同价值观"做一番更新。他在回答官委议员陈庆文的询问时说,随着社会演变,国人的态度、观点、价值观与梦想都有所改变,这便是举办"全国对话"的意义与目的。他说,到目前为止,从对话中看,新加坡人很关心自己的家庭,也重视处事优雅、待人和善、和睦相处等价值观。

新加坡元老李光耀指明了共同价值观在新加坡国家建设中的重要作用,他说:"我们汇合了来自中国、印度以及马来世界不同地域的移民,我们必须传授给我们年轻的一代以共同的基本社会行为准则、社会价值观以及道德教条。这些准则、价值观以及教条将能塑造完整的未来新加坡人。"[②]新加坡共同价值观社会化的最终目标,是协助新加坡政府建设一个具有道德意识和凝聚力的社会,核心精神是通过各种族之间的和睦、和谐来维持和促

[①]《联合早报》(新加坡),2013年8月18日。
[②]新加坡联合早报编:《李光耀40年政论选》,第394—395页,北京:现代出版社,1994。

进国家的稳定。新加坡共同价值观的成功塑造和传播，实质上是政府通过一系列政策、措施有意识、有目的地使民众产生对国家的信任感、忠诚感和归属感，使民众能够自觉地将自己和国家的命运联系起来，有意识地为国家的发展和稳定做贡献。

"公务21"计划

新加坡政府十分注重加强公务员队伍建设，对公务员实行严格选拔、考核、监督和管理，从而使新加坡政府和公务员有着良好形象。这主要得益于新加坡政府在共同价值观培植过程中十分重视公务员价值观教育，注重培养政府官员的廉洁自律观念，且富有成效。其关于公务员价值观教育的一些具体做法和思路，值得我国在干部队伍教育方面借鉴。

由新加坡民事服务部概括的民事服务价值观主要有：廉洁守法、精英治国、政治中立、平等公正、善于经营、称职力强、按规行事、严守纪律、理财有道、卓越服务、正直诚实、毫不炫耀、不断改进、办事连贯、重视技能，等等。在世纪之交的历史时期，新加坡公务员的价值观出现新的发展。集中表现在：一是对于对"顾客"即服务对象的服务有了更高的要求，从过去满足"顾客"的需求进一步发展为要"取悦顾客"[1]，提供优

---

[1] 布青沪：《新加坡的公务员价值观教育》，载《宁夏党校学报》1999年第4期。

异的服务；二是强调改革创新，国家要勇于改革创新，人人都要勇于改革创新。

进入新世纪，新加坡最高级公务员常务秘书们主动提出大规模开展21世纪公共服务计划（"公务21"），又一次自上而下地发动了以公务员价值观为灵魂的教育活动和工作改进活动，其目的是建立卓越的服务意识，以高质量、有礼貌与反应迅速的服务来满足公共的需求；创造鼓励改革的环境，以现代管理技术提高效率，同时注重公务员的士气和福利。新加坡公务员称这场活动是"自我更新的一种态度"。整个活动中，上级对下级的首要职责是灌输使命，带头去做。"公务21"活动组织严密，在中央设有以常务秘书集体组成的公务21中央委员会，下设公务21员工福利委员会、公务21优异服务委员会、公务21卓越表现委员会、公务21组织检讨委员会，并建立公务21办公室负责协调计划。在政府的各个部门相应设立部门公务21委员会及四个同上名称的较低级委员会。广大基层单位则普遍建立了工作改进小组，组织广大公务员置身活动中。公务21办公室出版《挑战》杂志，推广"公务21"活动经验，宣传活动中涌现出的先进人物和事迹。活动中各部门都要层层上报工作资料和成绩，用各种指标表述工作状况。不是靠批评，而是通过客观事实反映及各部门、各个人相互比较来揭露问题，推动人的主动改进。"公务21"活动已开展4年之久，至今仍在继续，取得了显著成果，并且带动了新加坡全社会面向21世纪共同价值观的教育。

以20世纪90年代为例，当时的新加坡有超级公务员494人，占公务员总数的0.7%；一级公务员8977人，占13.2%；二级公务员19290人，占28.4%。[①]其中属于决策层的是超级公务员，其他公务员负责管理与执行。李光耀总理在1971年对新加坡大学先修班的学生讲话时，也阐明新加坡成功的要素之一是具有"一批有干劲，愿意付出代价，而又受过良好教育，并且训练有素的人口"，新加坡千千万万人的命运就是由这批"最高层的政府高级人员、部长和最高级的行政人员来决定"。[②]对于共同价值观的构建与传播，新加坡公务员是最直接与重要的参与者与执行者。

为了保证公务员具有较高的政治素养，保持对国家的忠诚感与归属感，新加坡于1958年建立了公务员政治学习中心。李光耀在第一期学员班开学典礼上指出："公务员的廉洁与高效率工作，是国家机器正常运转、国家政策得以顺利实施的关键，而公务人员的腐败最终将使整个社会制度彻底崩溃。"此后，李光耀多次强调："当一个公务员，就必须有奉献精神。"[③]李光耀认为，要通过对公务员的教育，在新加坡形成一种廉洁的政治文化。公务员在任职时必须填写宣誓书，宣誓尽忠职守，决不贪污，决不违法，保守国家机密；如果违反职责义务，愿

---

①马志刚：《新兴工业与儒家文化——新加坡道路及发展模式》，第388页，北京：时事出版社，1996。

②新加坡联合早报编：《李光耀40年政论选》第137、159页，北京：现代出版社，1994。

③中国赴新加坡精神文明考察团：《新加坡的精神文明》，第34页，北京：红旗出版社，1993。

意接受最严厉的惩罚。为保证公务员能力得到不断提升，1971年，新加坡建立了公务员进修学院。该学院隶属财政部公共服务署，每年培训4500-5000名公务员。新加坡政府规定每个公务员每年至少要接受10小时的专业培训。公务员在受训期间必须认真学习，培训结束后一个月内要向常务秘书和公务员委员会提交受训报告。①

新加坡公务员价值观念有着内在的联系，以廉洁不贪污、精英治国、平等公正为核心，其他价值观念围绕核心价值观展开，构成完整的价值观体系。负责全国公务员管理工作的总理公署公共服务部在《宣言》中明确提出："坚持恪守廉洁、任人唯贤以及公正无私的原则，建立一个充满活力、欣欣向荣的卓越国家，建设一支高瞻远瞩、高效能干的公共服务队伍。"

廉洁不贪污是新加坡公务员价值观的首要内容。新加坡领导人始终认为：政府廉洁才能得到人民的信任和支持，政府廉洁才能创造各种条件把国家治理好。李光耀曾在接见中国某考察团时说："我们力图建立一个诚实廉洁的政府，不管人们同意不同意这个政府的观点，他们都能够看到这个政府是为他们好，为他们办事的，不会欺骗他们。"新加坡为了保证公务员队伍廉洁，下了很大的肃贪决心。最主要的是实行公务员财产申报、公开制度和以俸养廉制度。根据新加坡《反贪污法》的规定，新加坡公务人员每年年终都要申报自己的财产，并向社会公开以方便社会、

---

① 马志刚：《新兴工业与儒家文化——新加坡道路及发展模式》，第399页，北京：时事出版社，1996。

媒体和国民的监督。在执行过程中，公务人员在被录用、调动、升迁时，都要申报自己财产，并由反贪机构审查，确保申报信息有效。此外，一般认为，待遇优厚、晚年生活有保证是新加坡公务员奉公守法、廉洁自重的一个基本原因。新加坡政府强调用"接近市场价格的办法"来解决公务员的待遇问题。经验表明，官员的正常收入过低，那么无论在心理上还是实际生活中，他们都是难以承受的。在这种情况下，可能出现两种情况：一种情况是，如果法律不能约束官员的行为，那么他们就会通过非法手段攫取财富；另一种情况是，如果法律可以约束官员的行为，使官员不能获得额外收入，那么他们中间有才能的人可能会离职而去，国家也不可能再招到优秀人才加入公务员队伍。在新加坡，这两种情况都出现过。20世纪50年代和60年代初期，种族主义运动的开展使原有的政治法律失去了控制能力，出现了一时的无序状态，而新上任的官员待遇又低，导致了很多腐败现象。60年代后期至70年代，治理腐败成功，但公务员的待遇过低，又出现了公务员吸引力不大的情况。例如，原律政部部长巴克，1963年放弃了律师职业出任政府的律政部部长，工资只相当于原来的1/3，到1970年，他的月薪只有2500元，供不起几个孩子读大学，只得提出辞职。当时李光耀没有批准他的辞呈，而是将部长的月薪加到4500元。之后，政府意识到了这种情况，认为要想吸引住人才，必须提高官员的待遇。因此，20世纪70年代后，新加坡多次提高了公务员的工资，90年代以来又多次大幅提高了高级官员的工资。

　　精英治理是新加坡公务员价值观的又一内容。新加坡国情决定了如果没有英明领袖和一批能人组成的政府，它在严峻的国际环境中根本无法生存，更谈不上发展。因此，必须实行精英政治、专家治国，让精英进入政府机构，担当重任。新加坡特别强调高层领导——政府部长和国会议员让最优秀的人才担任，同时也要雇用一部分最优秀能干的国民从事民事服务工作。如果一个发展中国家要借鉴新加坡以俸养廉的经验，需要重视的一个问题就是必须培育出对精英主义有所认同的社会价值观念，必须破除传统文化中的平均主义。

　　在新加坡，反贪机构只对总理负责，不受一般政府机构和地方机构的制约，这虽然避免了很多摩擦，有利于坚决的反腐败行动，但是这种反腐败行动受总理个人因素的影响很大。因为在新加坡这样一个政治权力相对集中的国家中，立法和司法机关都很难起到对总理的约束作用。近来中共中央决定，由总书记直接领导政法委的工作，可以说这也是在一定程度上借鉴了新加坡治理腐败的经验。

　　如何根据社会文化的特点来建立自己的制度和制定相关政策，是一个重要的问题，因为一个社会的制度必须与其社会文化特点或发展水平相一致，否则会使制度和政策的运转失灵。新加坡的精英主义和高薪揽才的政策就是以本国的社会文化为基础的。早在殖民地时期，新加坡政治文化中的精英主义就非常浓重，在建国之后也很快发展起来。这与儒家政治文化中精英主义传统和英国文化的影响都有关系。儒家政治文化对新加坡最重要的影响就是在这个国家建立了一个"君子政府"或"家长式的政府"，李光耀就是这样一位坚定的"君子当政主义者"。他公开宣称："任何社会都有一个最高阶层，其人数不超过总人口的5%，他们德才兼备。正是由于他们，我们才有效地利用了有限的资源，使新加坡成为南亚、东南亚出类拔萃的地方。"

对人民行动党政府来说，少数精英是最宝贵的资源。李光耀常说，国家的前途寄托在部长们的人品和素质上。鉴于精英的重要地位，政府历来十分重视精英的培养。例如，在高级官员中实行职务轮换制，人民行动党的第二代领袖人物如吴作栋、王鼎昌、陈庆炎等，都曾经在几个专业互不相关的部担任部长，并同时担任两个以上的部长职务，第三代领导人也是如此。与此同时，新加坡也给他们很高的待遇，例如，新加坡总理的年薪在1995年为100万美元左右，几乎比当时美国总统的薪金高出三倍，部长的薪金也高于西方发达国家部长的薪金，而一般公务员的薪金和人均国民生产总值却低于西方发达国家。这也促成了精英们自身的优越感，他们自认为是国家的核心，形成了自己的特殊的社交圈子。

精英主义还有一个重要体现，就是在接班人的选拔方式和程序上。人民行动党政府在20世纪70年代就开始着手培养和更新党和政府各级组织的领导人员，培养新一代领袖。选拔领导人的目的除了保证国家的正常运转外，还有按照老一代领导人自己的模式治理国家的意图，或许还有保住既得利益集团特权的意图。人民行动党在实践中形成了自己的一套选拔领导人的办法，以20世纪80年代初期选拔党和政府的高级领导人需要经过的七道程序为例，最初物色人选是由当时任党的第一组织秘书的吴作栋领导的一个委员会进行的，然后再由老一代领导人定夺。其考察过程是：

第一道程序是，这位候选人将被邀请与吴作栋在下午饮茶，进行一次正式的交谈。如果这位候选人是马来人，那么该委员会负责选拔马来人的小组领袖也会参加这次谈话。这样的谈话一般每三周进行一次，每次三个小时。会谈的目的是确定候选人是否具备当议员的素质。如果吴作栋认为他具备当议员的素质，那就会再安排一次更为正式的会谈，让这位候选人与该委员会的其他人员见面。如果该委员会的其他成员通过了，就可以把他交给下一个委员会了。

第二道程序是，经由党的秘书长和第一助理领导的另一个委员会对候选人再进行一次面试，如果这个委员会认为他的素质不错，但作为一个议员还不是很适合，就会给他一个机会，让他去居民委员会或党的支部为人民行动党工作。在这个过程中淘汰率是很高的，只有45%的人能通过这次考验，进入下一步的考察。当然，也有少数人可以直接进入下一步的考察。

第三道程序是，通过考察的候选人与一个较为核心的委员会进行对话。前一个委员会也会派人参加，介绍情况。在这一阶段，候选人要经过一系列的严格的考察，会被问及诸如为什么要投身政治、将为祖国做出哪些贡献等问题。然后就要与考察委员会的人员讨论党的政策，就某些政策发表自己的见解。该委员会还要通过安全部门调查候选人的家庭背景、工作业绩和性格特征。通过这个委员会的挑选后，只剩下21%的人选了。

第四道程序仍由总理主持。他先是召开一次对话会，在会上总理要阐述人民行动党未来的发展计划，阐述这些未来的接班人所要扮演的角色。然后吴作栋给这些候选人一个机会，让他们在未来的选举中代表人民行动党参加竞选。这样一种机会也会在候选人中产生分歧。其中的一些人虽然愿意担任政府高官，但只愿意担任技术官僚，不愿担当纯政治的角色，面对这一情况，他们宁可放弃政治生涯。只有少数人会勇敢地接受考验。有一个有趣的例子：1980年，人民行动党把范浩方（音译）确定为议员候选人，他是新加坡航空公司的一位经理，也兼任一家旨在开发社会意识的杂志《突破》的编辑。他对此这样说："我不能想象我成为一个议员，很多人都是如此。我，一个整天穿着拖鞋、骑着摩托车、富于幻想的不切实际的人，怎么能当一个议员呢？"最后，这个"不切实际的人"决定拒绝人民行动党的邀请，免得使人民行动党和自己都感到为难。

第五道程序是同意担任人民行动党议员候选人的人士与由党的职业活动家、内阁部长领导的专门选拔小组进行对话。内政部部长被认为是一位能够对这些候选人做出精确判断的、有丰富经验的人物。

第六道程序是考试，这是一次严格的选拔考试，在一天半的时间里，由一位心理学家和一位精神病专家对候选人进行强化考试，其目的是确认他们之中谁担任国家部长或更高的职务更合适。一位党的官员这样解释这种测试的必要性："挑选领导人就像在海洋中寻找宝石一样难，如果你找到几个，你一定想在显微镜下看看他们是否有瑕疵和裂缝，然后把它擦干净。"在这一天半的时间里，候选人要回答1052个问题，其中包括笔试和对一些理论问题的考核，以及面试和对一些实际问题的考核，还有两次深入的辩论会。前一阶段的考试是在第一天的上午进行，分4组试题。第一组是进行一个半小时的IQ测试，共回答14个问题，其中还包括90秒钟的手脑并用的技巧测试。第二组考试共844个问题，旨在考察候选人的特长和个性。第三组考试是确定候选人的价值观及他在不同领域的适应性和潜能。第四组是能力测试，共回答21个问题。后一阶段的考试在当天下午和第二天上午，候选人分别与心理学家和精神病专家进行两次交谈，以确定他们的心理素质和精神状况。

第七道程序，也是最后一道程序，是与总理等党和政府的最高领导人组成的第二个选拔小组见面。在七八十年代，它的成员主要是老一代领导人，主持人是李光耀，成员有吴庆瑞、拉惹勒南、吴进才等。这些人当时都是人民行动党的核心人物，他们对候选人提一些实际的政策方面的问题，然后根据候选人的回答做最后的定夺。

在这七道程序之后，还有一道不成文的程序，即被选定的新人与全体中央执行委员会的委员见面，会议由党的主席主持，尽管仪式是正式的，但中央执行委员们不会再对新人发表自己的评论了。这样，新一代接班人就产生了。从上面七道程序来看，人民行动党在选拔人才时非常重视智商、政治素质，这就是精英主义的体现。[1]

平等公正是新加坡公务员价值观的另一内容。平等公正具体是指平等对待每个公民，办事公平，诚信求实。李光耀在出版不久的回忆录中强调，我们要"创造一个所有公民在追求理想的同时，能够享受平等和有充分机会的新加坡"。如何做到平等公正？如何保证平等公正？新加坡靠的是法制，依法行政，依法治国，它的整个公共政策、社会政策的设计就体现了"资本主义的方法，社会主义的目标"，善于用市场经济的办法追求社会主义相对公平的目标。比如他们没有退休、最低工资等制度，但是他们有公积金制度，每个人都有自己的公积金账户，大概相当于自己的收入的35%强制性被扣存入这个账户，其中25%是扣工资，10%是政府补贴。等老了以后，公积金账户的钱可以供每人买一套房子，另外还会得到一点国企的股票和现金，这样公民一辈子的打拼就有一个很好的结果。虽然过程比较辛苦，这20多年你必须得努力劳动，如果你不上班，公积金账户就没有存款，还要遵守法律，但结果公平就能保证人们努力工作。同时，新加坡政府努力保证充分就业，让公民在创造财富的过程中保持生活的能力。

在这方面，可以分享笔者看到的两个故事。一个是关于薪资

---

[1]李路曲：《新加坡现代化之路：进程、模式与文化选择》，第440—443页，北京：新华出版社，1996。

纠纷方面的：曾经有一个中国人去新加坡工作，在工资薪酬上有些纠纷，这人就跑到楼上要跳楼，胁迫雇主。这事儿如果发生在中国，政府首先肯定是压迫雇主。结果新加坡的警察把他劝下来，劝下来以后把他抓起来坐牢，理由是如果你有劳资纠纷，第一有工会，第二有法律，第三有媒体。你不找正常渠道，而用生命要挟雇主，首先是违法的，其次是如果被纵容，以后谁还敢当雇主。新加坡社会有这么多的渠道能解决问题你不用，非要用这种方法，那你就是扰乱公众秩序，以要挟的方式达到你的目标，而且用违法的方法去要挟，是绝不容许的，必须坐牢。

另外一个故事是有关罢工的：大概在2013年，有100多个在新加坡工作的中国籍公交司机，因为工资待遇的问题集体请假，其实就是罢工，致使新加坡有几条线路的公交车停运。结果新加坡首先让他们的雇主——一个政府关联的公司（国企）了解情况，由这家公司首先给公众道歉，承认他们跟工人沟通是有问题的，的确在薪资待遇上有一些不公平的地方。接下来警察开始介入调查，传讯组织罢工的司机，把他们叫到警察局，一个一个地调查。调查完了以后大概有五六个人被起诉，其中最严重的要坐牢，理由是非法罢工。新加坡的法律规定，涉及公共利益，罢工要提前两周申请，要知会。那些司机突然自己就搞罢工，不申请也不告知，所以是违法罢工，牵头的那几个就要坐牢。这件事情出来，我们没有看见总理的批示，也没有人感到悲伤，没有反对党或公共知识分子大声嚷嚷，新加坡人很平静地看待这件事情。可见，新加坡在依法治国、依法管理社会方面做得非常好，新加坡政府的处理方式，实际上切实保证了社会公平正义和稳定。公平正义体现在你有罢工的权利，但是当你的行为影响到公众利益时，你必须知会和申请，这是法律的强制性规定。

此外，新加坡政府也特别重视对于国家公职人员的廉政教育，它将"忠孝仁爱礼义廉耻"八德作为各级公职人员的行动规范，对其进行重新解释后进行针对性教育。在相关教育内容中，指出"廉"就是为官的德行，是做官的基本道德规范。官员应该树立为国、为民众服务的思想，要有为国为民牺牲奉献的精神。作为约束官员的基础，政府还通过对不同年龄段、不同职业进行的全面性的公民教育，使得廉洁自律成为新加坡公民内在的价值选择，并且激励其积极主动地参与到反腐败的工作当中。

作为一种典型威权体制的国家，新加坡人民行动党长期执政，加上在公务员队伍选拔中显著体现了精英主义的原则，所以权力精英的示范作用对国家发展有重要影响。只有政治精英自觉将对国家和人民的贡献作为自己的责任和理想，才能带动国民形成对国家的强烈认同感。作为重要领导人，前总理李光耀是廉政示范的最重要的推动者。李光耀领导的人民行动党在建党初期就提出了"打倒贪腐"的口号，其党徽中间白色部分就是表明"廉洁与正直"。在人民行动党上台执政以后，李光耀就明确提出"廉是立国之本，清为当政之根"。他深知掌握权力者具备腐败的条件和可能，最可能成为贪污腐败的主体，所以他强调任何政党、国家机构和政府部门以及任何个人必须严格遵守宪法和法律，在这样的基础上控制官员的权力，使他们自觉地意识到权力腐败成本太大而不敢冒风险。对于腐败的严重后果，李光耀认识得也非常清楚："人心是有情的水，能载舟也能覆舟；人心是无形的碑，记载着为官者的千秋功罪。"[1]在他看来，要真正建立廉洁政府，高级公务员必须发挥典型的示范带头作用。李光耀曾经说："如果我要贪污，没有人可以阻止我贪污，但是其代价是整个制度的崩溃。"[2]与此同时，对于高级官员的贪污腐败行为，也应该重点进行打击和清除，"使天下知道官难得而容失，必人慎其职，朝无懒官矣"[3]。

所以，李光耀十分注意处理和民众的关系，以廉洁政治来取得民众的信任，这也是人民行动党可以长期执政的一个重要原因。李光耀不仅从理论上阐述反腐败的重要性，在实践上也是身体力行。李光耀洁身自爱，反对贪污腐化。他在执政之初，就召集家庭会议，明确表示要坚持廉政，请亲戚们不要存在依仗其权势同发财的幻想。他的父、母、弟、妹，无一依仗其权势谋利。他父亲一直做钟表生意，没有担任过任何一官半职。李光耀母亲去世时，他不仅拒绝了所有的花圈挽联，还把所有的礼品捐助给公益事业。李光耀办公用的是自己的私家车，并且自己花钱买汽油和维修保养车辆。在这方面，甚至连反对派都没有抓到什么把柄。这确是他严于律己和治家的结果。他崇尚朴素，不求奢华，

①张永和：《李光耀传》，第445页，广州：花城出版社，1993。
②陈岳、陈翠华：《李光耀：新加坡的奠基人》，第222页，北京：时事出版社，1990。
③张永和：《李光耀传》，第516页，广州：花城出版社，1993。

至今仍然住在其父留下来的老房子里。他曾说过："由于我理家严谨，才使我的家庭成员有分寸。"他衣着不很讲究，爱穿白色衣裤——白色，象征纯洁。新政府在5万人群众大会上亮相之时，43名人民行动党当选议员站在台上，一律身着白色衣裤，以此来象征新政府的廉洁，表明今后将不再有过去在新加坡盛行的和在其他许多新独立国家存在的贪污舞弊现象。新上任的部长们限制社交活动的次数，"他们要给人的一般印象是庄严地献身于群众利益而治理国家的任务"。新政府利用选举过后受人欢迎的时机，趁热打铁，推行了一系列大事宣传活动：政府官员和公务员打扫城市街道，清理海滩垃圾，割掉荒地上的野草。李光耀等国家领导人、政府部长和大家一起参加劳动，让公务员带头为热心公益、保持清洁和保护公共财产建立较高的行为准则。

对于涉及李光耀的一些社会关注的问题，他也采取公开透明的方式来进行解决。1995年，有人投诉李光耀父子在购房中有不公正交易，当地报纸也进行了大量报道，怀疑李显龙接受了房地产商的隐性贿赂。总理吴作栋下令调查李光耀和时任副总理李显龙的两处购房过程，并把调查结果提交国会讨论，在国会的辩论中，反对党也认为这个折扣是市场的一般做法。经过公开透明处理，所有对此事的议论完全化解和消失，极大地提高了李光耀在国内的政治威信。

2011年新加坡举行大选，面对选举中选民对于政府官员的薪金的疑虑，新成立的李显龙内阁立即就成立了政治职位薪金检讨委员会，对总统、总理以及国会议员等薪金和制定基础进行检讨，以确保新加坡能够拥有一个廉洁可靠的政府。正如2014年新加坡总理李显龙接受中国媒体人专访时指出的[①]，新加坡的廉政模式不能简单地用"高薪养廉"来概括，而是以"实际的正确的薪水"任人唯才，同时建立透明的制度和严格的法律预防和惩治贪腐。近半个世纪以来，新加坡不仅经济增长显著，还创造了举世公认的社会文明和政治文明，廉洁高效。根据国际透明组织贪污印象指数显示，新加坡多年来均为亚洲最廉洁的经济体。李显龙总理在以华语接受访问时表示，人民行动党执政55年以来，一直都坚持打造一个廉洁透明的政府，但高薪并非新加坡廉政体系建设的原则。他说："原则上我们要求的是，实际的正确的薪水。我们要任人唯才、唯贤，选正确的人做正确的工作，最重要的工作必须由最能干、最可靠的人去办。"李总理坦言，外界常认为公务员必须具有牺牲精神和献身精神，愿意不顾自己的利益、奋不顾身地勇往直前，这个观点虽然正确，但"我们也知道，这是太平盛世，不是革命时期，所以大家都需要养家，大家都需要照顾自己的前途"。

新加坡前总理李光耀曾评价贪污调查局说，一个以总统为首、效力高、阵容浩大、有权力对无论官职多高的任何人进行调查，然后将有关人士提出控告并定罪的反贪污部门，当然会创造

---

①联合早报网：《接受中国知名媒体人杨澜专访　李总理：我国廉政模式不能用"高薪养廉"概括》，高健康报道，参见：http://www.zaobao.com/special/report/potitic/apec2014/story20141111-410464

奇迹的。然而，仅仅靠贪污调查局一个机构，是很难打造出一个廉洁国家的，新加坡廉政建设还包括以下几项重要内容：

新加坡宪法、行政法律和刑事法律都有廉政建设的内容。新加坡宪法对廉政建设的规定主要体现在三个方面：一是禁止公务员经商；二是对包括总统在内的公务员的报酬，做了保障性规定；三是设立公务委员会，监督公务员廉洁高效。在行政法律方面设立《公务员法》《公务员守则和纪律条例》《公务员惩戒性程序规则》等。为了使贪污成为一种得不偿失的罪行，新加坡国会在1989年通过了《不明财物充公法令》。在这项法令下，当一个被告的贪污罪名成立后，法庭可下令没收被告所有来历不明的财产。

完备的廉政法制建设为新加坡营造了一个不敢贪、不能贪、不用贪的法制环境和制度环境。违法必究，执法必严。在新加坡贪污调查局的反贪展览中，一块展板上展示着这样一个案例：一个在贪污调查局工作18年、曾侦破多起重大贪污案件的高级调查员，因骗取一名犯行贿罪的商人8000元而被判监禁一年。审判法官在判决书中指出，任何执法人员犯罪都应受到严惩、因为人民期望执法人员公正不阿、诚实可靠。

人民行动党及其政府无论对传统的东方社会的人治管理模式，还是19世纪以来英国的法治传统，都立足于国情进行修订、调整和改造，不盲从西方价值理念，注重把东西方价值观结合起来，创造性地确立适合国情的共同价值观。

新加坡贪污调查局官员经常向公务员灌输反贪意识，帮助他们识别贪污陷阱，学习如何避免牵涉贪污案件。《公务员指导手册》也有明确的反贪条文。在有关公务员的纪律规定中，规定公务员的公平、正直、信誉、廉洁、礼貌、纪律、法律、节俭和关怀等共同价值观，以及规定国家公务员不得利用职权和信息谋取私利，不准向和本人有公务关系的人士借债，在获得书面批准前不能经商和从事副业，不准接受公众人士的礼物和款待，不准借超过本人3个月的工资的无抵押贷款等。

总之，新加坡通过包括法治建设在内的各种手段来构建国家共同价值观，创设出新的国家价值体系，引领包括廉洁政治精神在内的公务员价值观。国家认同和腐败治理构成了双向互动和嵌入的关系，国家认同体系的建立为腐败治理的实现夯实了基础，防腐治理的建构为国家认同的重塑提供了保证，共同促进了新加坡现代国家建设的进程。

我们知道，领导干部是建设社会主义核心价值体系的关键。领导干部的行为及其体现出来的理论素养、理想信念、精神面貌、思想境界、道德情操，对社会主义核心价值体系建设起着重要的示范和导向作用。[①]因此，建设社会主义核心价值体系并使之真正成为引领当代社会思潮的核心价值观，首要的举措和根本的方略是加强国家公职人员的道德素养教育，使广大党员和领导干部首先确立并践行社会主义核心价值观，以此带动和激发广大人民群众实践社会主义核心价值观的主动性和积极性，从而促进

① 李慎明：《大力推进社会主义核心价值体系建设》，载《理论前沿》2007年第21期。

社会主义核心价值观在全社会的认同和确立。

家庭价值观

　　1991年，新加坡政府在《共同价值观白皮书》中正式将"家庭为根"确定为新加坡人所应奉行的"共同价值观"。1998年，新加坡理工学院商业行政系对801名新加坡人进行的抽样调查显示，近90%的受访者都认为家庭是建立社会凝聚力的基础。[1]实际上，"家庭为根"已经成为新加坡人的理念或共识。

　　家庭是传授价值观的第一课堂，新加坡政府认为，要坚持亚洲社会的文化传统（主要表现为儒家文化传统），就要大力宣传家庭的价值，强调家庭的意义，促进家庭的功能。在此基础上，1993年新加坡政府把"家庭价值观"具体化为五项内容，即亲爱关怀、互敬互助、孝顺尊长、忠诚承诺、和谐沟通。为此，新加坡政府采用了家庭教育、学校教育、社会制度、法律制度等几乎所有可以采用的手段，来树立"家庭为根"的全民家庭价值观。

　　家庭价值观教育成为新加坡种族团结和睦和强化国家意识教育的重要基本内容。新加坡培养国民的国家观念，是从家庭亲情教育起步，从家庭意识培养开始强化的。时任总理吴作栋在1994

---

①吕元礼：《新加坡家庭为根的共同价值观分析》，载《东南亚纵横》2002年第2期。

年国庆群众大会上讲道："我们通过家庭来传授价值观、培育年轻人、建立自信以及相互支持。学校可以传授道德观、儒家思想或宗教教育，但是，学校的教师不能替代父母或祖父母，来作为孩子最重要的模范。"①

学校道德教育非常重视对家庭观念的养成，培养孩子从小养成爱家人、爱家庭的观念。在教材设计中，会模拟一些现实情境，让学生在情境选择中真切地体会到"家庭为重"的含义。如在五年级的"关怀"板块下，第一课就是"与家人有约"。在这一课，教材设置了三个情景，都是关于在"参加朋友聚会"和"与家人团聚"之间如何选择的。在这三个情景中，最后的选择都是"和家人在一起"，而对朋友的邀请则委婉地回答"改天吧"。这样的情景教育目的是告诉孩子们，"与家人有约"始终是要优先得到保证的，从小培养孩子的家庭观念。

不仅如此，新加坡还用制度、措施甚至法律手段促进东方家庭伦理观的树立，采取许多措施来促进家庭的稳定、和睦，实实在在地推进"家庭为重"的"共同价值观"。如通过法律反对轻率离婚，成立"全国家庭与老人咨询委员会"，向政府提出搞好家庭和老人工作的合理化建议；在分配住房时，对三代同堂家庭给予价格优惠和优先安排，条件就是必须有一个子女同丧偶的父亲或母亲住在一起，奉养老人；年轻夫妇首购住房，可获4万新元津贴，如所购房子与父母居所靠近，可再多得1万新元。

①《联合早报》（新加坡），1994年8月22日。

这样的举措，给予"共同价值观"以实际的政策支撑，效果十分显著。

事实上，在新加坡，处处可以感受人们对家庭观念的重视。在很多公共场合，随处可见三代同行的场景；出于工作需要的宴请或者聚会，很少会安排在晚上或者周末，因为这些时间应该是属于家人的。另一方面，良好的家庭关系和氛围也对"共同价值观"教育起到了促进作用。新加坡历来十分重视家庭在道德教育中的作用，注重发挥家庭作为社会细胞在道德教育中的作用。李光耀曾说："我们坚强的家庭结构，在培养下一代的过程中，有巨大的持续力量。家庭主要是以潜移默化的方式，而非以正式教育的方法，来传递社会价值给下一代。"[1]在一个注重家庭和睦的社会中成长起来的公民自然会在潜移默化中接受注重家庭的"共同价值观"。这种社会环境与"共同价值观"教育之间的良性互动可以说是新加坡道德教育的宝贵经验之一。

新加坡领导人认为，家庭建设是关系新加坡前途和命运的大问题，政府必须下大力气抓紧抓好。稳定家庭是稳定社会的基础，每个人如果都能在家庭中安分守己，尽职尽责，他们在社会上也必定是奉公守法、恪尽职守的公民。最重要的是，家庭中长辈对下一代的言传身教或道德教育，是东方文化代代相传的深厚根基，它能弥补学校道德教育的不足。

"家庭是社会的砖块"的观念深入人心。新加坡人认为，每

①魏晓文、孙淑秋：《新加坡公民道德教育的特点及启示》，载《思想理论教育导刊》2004年第12期。

个人都离不开家庭，家庭又与社会及国家联系在一起。全部社会生活的状况以及国家的兴衰治乱，都与家庭这个"根"密不可分。把幸福、和谐、美满、成功、健康的家庭单元链接、排列起来，就等于构筑新加坡坚实的"国家大厦"的砖石。没有家庭的凝聚力，就没有社会凝聚力的基础，没有家庭的稳定，就没有社会稳定的基础。新加坡通过教育使国民认识到，国家的命运奠基于家庭稳定的基础，因而"家庭为根"成为国家共同价值观的主要内容，成为全民共同奉行的价值观念。

家庭是培养年轻公民具有正确价值观的场所的观念深入人心。新加坡人认为，家庭是孩子出生后为其提供各种学习机会和条件的场所，在家庭中，儿童的心灵开始敞开，习惯开始形成，理性开始觉醒，善良或邪恶的品格开始初具雏形。父母对孩子的教育和抚养，会逐步训练小孩养成良好的规矩，孩子只有通过家礼的约束和规范，才能有恰当的行为，树立正确的价值观。

家庭伦理可以带动政治伦理，家庭秩序可以促进社会秩序的观念深入人心。新加坡人认为，博爱是以家庭为中心发散出来的，在家庭生活中，心地纯洁、有责任心的人为他在公职生活中的责任心奠定了坚实的基础。在家庭中有宽厚仁慈之心，到社会才有豁达仁爱之举。一个热爱自己家庭的人，也会毫不含糊地热爱和服务于自己的祖国。在这个意义上，家庭伦理可以推及政治伦理，家庭伦理包括政治伦理，家庭秩序关联政治秩序，家庭伦理与秩序建设带有政治意义和功能。

"家庭为根"还可以理解为新加坡政府对家庭功能的形象描

述。①新加坡政府领导人十分重视家庭的教化作用，并视家庭为人生的第一课堂。李光耀通过对自己童年往事的追述来说明家庭对人的价值观形成的决定性影响。李光耀说："就像任何一个华族大家庭一样，我知道什么事情是不对的，如果去做的话，我就会尝到藤条的滋味，我就知道那是不应该做的事情，我也接受这是做错了事。我在家里须对长辈有礼，我须守规矩，用晚饭的时候，必须先称呼长辈，才能进餐。从外头回到家里，或出门去之前，都得向长辈请安。这些对一个人童年的成长过程，具有潜移默化的影响。在你成长的过程中，这些夜以继日灌输进你脑海中的价值观就会慢慢萌芽。"

为了保证优良的传统价值观能够代代相传，新加坡政府竭力维护三代同堂的家庭和大家庭制度。所谓三代同堂，就是祖孙三代在同一个家庭生活。李光耀说："必须不惜任何代价加以避免的，就是决不能让三代同堂的家庭分裂。这是一个家庭结构、社会结构、把家庭单位连成一体的伦理关系和结合力的问题。家庭把社会价值观念用潜移默化，而不是正式讲授的方法，传给下一代。如果新加坡社会要在不失去它的文化冲劲、同情心和智慧的情形下自力更生，就必须保存这种珍贵的家庭结构。"1990年，吴作栋在回答记者"新加坡有什么传统？或者说，新加坡有什么文化特色"的问题时说："我们希望保留大家庭制度这种特色。"他解释说，大家庭制度是指兄弟姐妹以

---

① 吕元礼：《新加坡家庭为根的共同价值观分析》，载《东南亚纵横》2002年第2期。

及其他亲属组成关系紧密的家族，互相扶持。如果祖父母能照顾孩子，孩子思想观念的健康成长将不会有危险。但是，如果完全把孩子丢给佣人，或更糟地让孩子自己在电视机前成长，那将是很危险的。

吴作栋曾说："我们始终强调社会的基石是家庭，而非个人。在西方，他们认为个人是最重要的；个人权利比家庭和社会权利来得重要。不过，我们认为没有家庭，就没有个人。家庭是基本单位，社会是由家庭组成的。这种价值观对我们至为重要。换句话说，我们一方面承认个人主义在淬砺创新、建功立业方面十分重要，但社会要有秩序，也须要有一些共同遵守的价值观。"吴作栋的上述议论阐发了这样一个观点，即西方社会是个人本位，新加坡政府倡导的社会则是家庭本位。实际上，家庭本位正是对"家庭为根"的具体诠释。

新加坡的家庭本位在继承家族本位的礼治精神的同时，又注意运用法治手段。例如，1998年2月6日的《联合早报》报道过这样一则消息：一位名为阿德里安的17岁少年认为父亲对母亲不忠导致家庭破裂，便敌视父亲，并投掷公事包打父亲，甚至拒绝与父亲及祖父母平心静气地交谈。13岁的弟弟学哥哥的样子，也对父亲表现得很不友善。当时，两位孩子的父母已经离婚。基于孩子对父亲不敬，新加坡高庭法官下令将这位父亲所需支付的赡养费减低。按两名孩子完成高中教育所需的费用来计算，父亲原本每月须付2800元给两名孩子，如今却改为只需一次性付给54000元，数目等于每月1800元。审理该案的高庭法官认为这是他所处理过的"最为棘手的离婚资产与赡养费分配案之一"。他说："男孩认为父亲做错事而保护母亲是可以理解的，但我觉得17岁的阿德里安似乎有点过火。他的父亲虽然有不对的地方，也不应该承受已长大到明白自己所作所为的儿子的羞辱及无礼对待。我不认为父亲需被逼遵从一项得支付超出维持孩子基本需求费用的庭令。"法官在书面判决理由中表示，将赡养费减至每月1800元仅够维持两名孩子的基本需要，并指出这个判决背后的意义是"让父亲有一个空间，以便以付出庭令规定以外的额外费用的方式，表现出对孩子仍存有爱与关怀，希望有朝一日，父子有可能和好。虽然这不是个完美的解决办法，但以当前情况来看，却不失为一个实际的方法。"这里，儿子因父亲对母亲不忠而投掷公事包打父亲，但并未造成任何伤害。法官基于孩子对父亲不敬所持的"他的父亲虽然有不对的地方，也不应该承受已长大到明白自己所作所为的儿子的羞辱及无礼对待"的观点，以及据此而做出的减少父亲所需支付的赡养费的判决，反映了新加坡法官对礼治精神的继承。礼的核心是"亲亲"、"尊尊"。在传统家族本位的社会，"父为子天"，儿子打父亲，属于大逆不道，当然要受到严厉的制裁。同时，法官"让父亲有一个空间，以便以付出庭令规定以外的额外费用的方式，表现出对孩子仍存有爱与关怀，希望有朝一日，父子有可能和好"的良苦用心，则是要达到礼治精神所要求的个体自觉性、主动性，培养仅靠法治所不能获得的父子之间的亲情。根据礼治精神，家庭成员之间打官司是一件万不得已和令人蒙羞的事情。是非的判别固然需要，家庭成员之间（这里表现为父子间）的和好才是是最高目标。

　　还有一个例子，新加坡于1997年5月1日正式生效的修正后的《妇女宪章》规定，任何人在申请离婚时，必须把一个育子方案连同离婚申请书一起入禀法庭。据估计，新加坡家事法庭是世界上唯一一个规定离婚申请需备育子方案的法庭。育子方案可以是双方都同意的育子方案，或离婚申请者个人所建议的育子方案。育子方案必须对夫妻离婚后孩子如何养育做出安排，并须包括指定的五个方面的内容：孩子的个人资料、现有的相关庭令、目前为孩子所做的安排、夫妻双方的资料，以及双方同意或离婚申请人所建议的安排。因为育子方案包括孩子的资料，也包括父母的资料，即需说明父母是否患有精神病、身体是否有残缺、是否有案底、是否进过戒毒所等，所以，这将能让法官做出最有利于孩子的判决。家事法庭之所以要求夫妻在申请离婚前先达致一个育子方案，是因为法庭发现，许多夫妻在离婚诉讼展开后，会把注意力集中在其他争执，如金钱方面的争执上，这就较难令他们考虑孩子的福利和需要。申请离婚者须提呈育子方案的规定是基于如下两大原则提出的：首先，在离婚时，孩子的福利应该是最重要的。父母离婚后，孩子仍享有两个家长的关爱与养育。其次，夫妻离婚后，他们还是孩子的父母，对孩子都有责任，他们必须合作，才能使关于孩子的各项安排得以顺利进行。这里，通过育子方案对父母抚养子女的责任和义务加以规定，就是现代法治手段的具体运用。

新加坡政府并不倡导走向极端化的孝行，而是鼓励一种更为理性的孝行。在这种更为理性的孝行中，父慈与子孝达到更为和谐的平衡。例如，新加坡小学四年级上学期华文教材的第一篇课文《我来照顾爸爸》，就是很好的例子：勇强的父亲是个码头工人。他不怕风吹雨打，每天都辛勤工作。一天他在搬运货物时被压伤了，医生要他休息几个月。听了医生的话，勇强的父亲很担心：几个月不能去工作，谁来养活一家人呢？勇强知道了这件事，就对父亲说："爸爸，您安心地休息吧，我放学了可以去工作赚些钱来做家用。"妈妈疼爱地揉着勇强的头，说："你真是个懂事的孩子。可是你年纪还小，能做什么呢？还是让我到附近的百货公司去当售货员吧。"勇强想了想，说："好。那就让我来料理家务，照顾爸爸和妹妹吧！"

1987年，新加坡社会发展部举行了新加坡首次针对家庭课题所展开的一项全国性调查。接受访问的758名已婚人士对"为什么生儿育女"的回答中，34%表示是为了使家庭生活更加完整，20%表示是为了老有照顾，只有17%表示是为了承继香火。这与传统中国对传宗接代的高度重视大不相同。调查显示，现代父母教育子女的具体做法与过去也不相同，主要方法是与孩子交谈、以道理说服、与伴侣商量等，很少人用恐吓或处罚的方式。

价值观教育要以道德实践为基础构建学校、家庭、社会"三位一体"的德育教育网络。新加坡共同价值观教育的实践证明，以道德实践为基础，构建学校、家庭、社会相互衔接、相互补充的综合德育模式，对于促使共同价值观教育生活化、大众化具有积极价值。当前，我国虽然也强调把社会主义核心价值体系融入国民教育的全过程，但在实践中"并没有扭转德育工作队伍孤军奋战的状况，所有教师、所有管理人员、所有教育环节、所有课程都担负着育人重任的责任，这种意识还没有真正形成；社会和家庭教育不但难以与学校道德教育形成合力，而且在不少方面还直接抵消了学校本来就实效不太高的道德教育"，必须强化家庭的德育功能，充分发挥家庭在青少年价值观塑造中的基础性作用；必须加强核心价值观教育的社会环境建设，形成学校、家庭、社会齐抓共管的综合德育体系。

围绕家庭的一系列行动

新加坡是一个重视家庭的国度，新加坡的领导人认为，家庭是"国家的核心"。李光耀曾说："家庭是绝对重要的社会单位。从家庭，到大家庭，到整个家族，再到国家。"新加坡领导人十分敏锐地觉察到，当代社会的许多问题其实源于家庭问题。社会问题"需要所有思想家、制造舆论者和立法者取得共识"，解决的途径"必须从家庭着手"。由于新加坡正进入这样的阶段：随着城市化的发展，双职工家庭越来越多，在这样的家庭里，孩子有很多时间无人照管，会在需要家长教育的时间里自己看电视。对此，李光耀充满忧虑地说："我的孙女跟我的儿女不一样，因为他们来探望我时唱电视歌曲。他们总是自己在家里看电视，家里除了女佣没有别的人。"

从"必须从家庭着手"和"推动力来自家庭"的基本认识出发，新加坡政府的社会政策的出发点可以概括为两方面：一是家齐而后国治，李光耀认为家里必须有纪律，当家里没有纪律，社会上有那么多单身母亲、那么多夫妇都同时外出赚钱，孩子没人照顾，问题就来了；二是家庭伦理可以带动政治伦理，家庭秩序可以促进社会秩序。李光耀认为："某些价值观必须受到尊重，学校只能弥补家庭熏陶的不足，而不能替代家庭教育。"

为了防止"政府以为它可以扮演父亲甚至母亲的角色"的"最基本的错误"，新加坡采取了与西方国家完全不同的家庭政策。与英美等西方国家用福利手段取代家庭功能的政策相反，新加坡政府则致力于维护家庭功能。新加坡的小家庭辅助计划坚持维持家庭完整。如果家庭分裂，政府就会停止给他们辅助金。吴作栋说，他知道这是严格的，但是，这是对的。李光耀指出："要政府负起照顾家庭的责任是不健全的，因为这么做会危害到社会的基本单位——我国社会的砖块：家庭。当家庭功能退化，就会带来严重的社会问题。"

1998年，新加坡政府还发起"亲家庭计划"，开展各种尊老活动，对"三代同堂"实行租房、缴税优惠，鼓励子女与老人就近而居，有效地促进了家庭的和睦和社会的和谐稳定。2000年9

月，由新加坡社区发展、青年及体育部成立了家庭教育民众委员会，委员会通过学校来培训家长如何与学生交流沟通，如何对学生进行共同价值观教育。该委员会2002年4月启动了学校家庭教育计划（School Family Education Programme，SFE计划），专门负责对家长进行培训。[①]参与SFE计划的每个学校每年至少要开办100小时的家庭生活教育课程，其中70小时面向家长和教职工（包括10小时的休闲活动与友情联络），30小时面向学生。[②]向家长开设课程的主题有：建立自信、了解孩子、自律策略、有效的沟通技巧、建立和谐的婚姻并养成健康的生活方式、如何凝聚家庭成员、学习理财技能、平衡工作与生活之间的关系等。由于新加坡是多种族国家，为了满足受众的需要，对于有些课程，学校会安排华语和英语两场讲座。

新加坡政府认为，没有一个教师和托儿所能够代替孩子的父母亲或祖父母。教师或托儿所的职员主要是把照顾孩子看成自己的职业，尽管他们也会灌输各种价值观，但没有家庭里的氛围。新加坡前任总理吴作栋指出："我们通过家庭来传授价值观、培育年轻人、建立自信以及相互支持。学校可以传授道德观、儒家思想或宗教教育，但是，学校的教师不能替代父母或祖父母，来作为孩子最重要的模范。"而对于父母亲或祖父

---

①朱晨静：《新加坡核心价值观教育探析》，载《江苏广播电视大学学报》2010年第2期。
②Ministry of Community Development, Youth and Sports. Summary of mcys' patent education in pre-school programme survey[R].Ministry of Community Development, Youth and Sports, 2006.

母，则牵涉到如何把其骨肉培养成材；家庭也是奉养老人的最好场所，老人院不是老人最适宜居住的地方。对老人的支持与照顾，必须是由内心出发，并带着同情、慈爱及怜悯的感情。政府及公共机构提供福利及服务，只是依照条例、规则及正式程序去做。

1981年1月25日，李光耀在新加坡宏茂桥巡视时，惊愕地发现最新的卫星镇竟然有两个安老院。李光耀说，这并不是令人自豪的事情，也不应该鼓励。他认为，设立老人俱乐部，让老人们有个地方聚会、娱乐，这是可以的。但设立一个地方，将年老的父母、祖父母"遗弃"到那边，却是不行的。做儿子的人一定要尽奉养老人的义务。在男女平权的今天，做女儿的人也应该负起奉养父母的责任。只有当老人病弱或需要特别护理时，才可以把他们送进政府设立的专门机构。

当然，对于儒家倡导的"五伦"所涉及的人际关系，新加坡政府进行了改良，融入了一些现代性的因素，把"父子"改称为"父母与子女"，"君臣"改称为"国家与人民"，"兄弟"改称为"兄弟姐妹"，对"夫妇"之间的伦理，强调了男女平等，剔除了"夫为妻纲"的糟粕。同时，李光耀曾号召新加坡华人恢复家庭或家族成员之间的"正确的称呼"。李光耀说，在华人社会，各种不同程度的血缘关系在每个亲戚精确的称呼中表明，每一个称呼都附有一定的权利和义务。

父亲的兄弟姐妹称伯父、叔父和姑母，母亲的兄弟姐妹称舅父和姨母，而且还按照他们和自己父母的年龄大小顺序分清。每一个称呼都包含着一定的意义，即一定的权利和义务，其中更受重视的是义务。李光耀说："习惯的不断改变，使得每个人都被称为叔叔（uncle）或阿姨（aunt）。我们应该鼓励用华语，恢复正确的称呼。"我们可以从以下两方面理解李光耀关于"恢复正确的称呼"的意义：一方面，从儒家文化的角度来理解，李光耀鼓励"恢复正确的称呼"，是要促使人们顾名思义、循名责实。儒家伦理强调父慈、子孝、兄良、弟悌等等。这里，父、子、兄、弟是名，慈、孝、良、悌分别是上述各名的名中应有之义，也是该名所指之人所应履行之责（义务）。顾名思义，就能够更好地理解自己的义务，以纠正名不副实；循名责实，就能够更好地履行自己的职责，以达到名副其实。以清代某县官对一则兄弟争讼案件的处理为例："有兄弟争讼，县官不问谁曲谁直，但令兄弟互呼，此呼弟弟，彼呼哥哥，未及五十声，已各泪下沾襟，自愿息讼"。这里，正是"此呼弟弟，彼呼哥哥"的"正确的称呼"，促使兄弟二人顾名思义，循名责实，从而达致"未及五十声，已各泪下沾襟，自愿息讼"。试想，如果不是"兄弟互呼"，或者即使互呼，但不能采取"正确的称呼"，而是"此呼张一，彼呼张二"，其效果也难以如此迅速、显著。

另一方面，从现代社会学的角度理解，李光耀鼓励"恢复正确的称呼"，最终目的是要鞭策人们履行与称呼相应的角色的权利和义务。角色本来是剧场用语。承担一定角色的演员，就必须按照剧本对这一角色的规定进行表演。推而广之，社会就是一个大的剧场，每个人都是演员，并在不同的场合扮演不同的角色。从社会学意义而言，角色是指一种惯常的行为模式。例如，父亲这一角色，是以教养子女为其惯常行为模式。既为父亲，就必须教养子女。古今中外，概莫能外。因此，当家庭或家族成员之间使用"正确的称呼"，就能强化人们的角色意识，产生符合角色期望的行为；当家庭成员之间取消"正确的称呼"，就会淡化人们的角色意识，产生违背角色期望的行为。在新加坡因破坏公物而被处以鞭刑的迈克菲回到美国后就喝醉闹事。父亲责骂他，他便攻击父亲，并和父亲在地上扭打。吴作栋说："我无法想象亚洲为人子者会攻击自己的父亲。福建话说'没大没小'、'没教养'，马来话则是'Kurang Ajar'。但在儿子可以直呼其名的情况下，那种事情可能发生。过于亲密，可能使不敬的态度滋长。"

为了保证传统价值观能够代代相传，新加坡政府竭力维护三代同堂的家庭和大家庭制度。李光耀说："必须不惜任何代价加以避免的，就是决不能让三代同堂的家庭分裂。"随着时代的变迁，三代同堂的家庭正逐渐被核心家庭所取代，大家庭制度也不可能像李光耀所描述的那样都住在一个屋子里。但是，新加坡政府认为，政府必须采取坚决的措施鼓励和帮助大家庭的亲人住在毗邻的组屋里，以便让祖父母帮助照顾孙子，已婚的子女也便于定期与父母一起聚会、进餐。政府规定的申请租赁、购买组屋的条件中都有必须是核心家庭一条；鉴于年轻人不愿照顾老人的问题，建屋发展局规定，年轻的单身男女不得购买组屋，但如果与父母同住，购买条件可以放宽；如果三代同堂则可优先解决住房问题。根据年轻人希望有自己的独立小空间的实际情况，建屋发展局还设计了一种三间一套和一间一套相连的新组屋，让子女与老人毗邻而居，从而既方便子女照顾老人，也保证了自己有一个相对独立的空间。

组屋区的三驾马车

新加坡是一个"花园城市"国家，花园是指整个国家被建设得像一个花园一样，城市是指整个国家都已经城市化了，各个发展指标都比较平均，包括人均土地面积狭小而人口密度较高，因此，妥善解决好普通民众的住房问题对于社会的和谐稳定至关重要。建国初期，有很多人无家可归，还有很多人居住在很简陋的草棚中，到处是贫民窟，脏乱不堪。据统计，1959年人民行动党上台执政时，在这个有158万人口的城市国家中，市区居民中有84%的家庭是住在店铺和简陋的木屋区中的，其中40%的人住在贫民窟和窝棚内，情况十分恶劣，只有9%的人住在比较像样的公共住宅内。①面对当时十分严重的住房危机，新加坡政府认识到这已经不仅仅是个生活问题，而且已经成为一个政治和社会问题，不解决这个问题，就很可能引起社会骚动和经济崩溃，因此

①马志刚等：《新加坡的社会管理》，第98页，北京：群众出版社，1993。

政府对此高度重视。同时，政府认为单单依靠市场手段解决这一问题会是一个比较缓慢的过程，不利于社会的稳定，也难以很快实现竞选诺言、取得民心，因而决定在这个问题上要有所作为，筹措资金建造大量的廉价公共组屋。

1960年2月，新加坡政府设立了建屋发展局，是半政府性的法定机构，统筹公共组屋建设。该局成立后，协助政府制定了一系列的政策、法规和计划，卓有成效地推行"居者有其屋"的住房保障政策，制定并实施了"公共组屋计划"。政府拨出国有土地和征用私人土地，作为建屋用地，政府负担征地费及拆迁安置费，同时严格管理组屋租售，规定高收入者不得购买组屋，针对低收入者提供购屋津贴。这一计划使绝大部分新加坡人通过公积金存款按月摊还或低息贷款购置了住宅。"公共组屋计划"的实施，使新加坡近90%的国民迁入新居。

建屋发展局的经验有两条非常值得重视，一是全力推行购买政策，它规定，上至部长，下至普通职工，除经济上十分困难者外，一律必须按计划购房，解决自己的住房问题，当然售房是采取薄利多销和分期付款的原则，使平民百姓都能够买得起房；二是最初的建房资金虽然是由政府提供的，但政府提供的是贷款，是通过银行提供的低息贷款，这就迫使建屋发展局必须进行成本核算。也就是说，建屋发展局要自行决策、自主经营、自负盈亏，这种以价值规律来支配公共组屋发展的方法，能够及时收回资金，再行投资，从而建立起一种良性循环的机制，使住房建设有充足的后劲，最终解决所有人的住房问题。

组屋内设施完善，设有各种教育和娱乐场所，既解决了绝大多数居民的住房问题，又美化了市容。每个由组屋形成的小区大约有2000～3000人。政府投入90%的建筑经费以及50%的日常运营经费，使符合条件的居民以市场价1/5的价格购买政府的组屋，并通过保养、翻新和整合、完善公共设施，使居民购买的政府组屋不断增值，让居民心甘情愿地成为社区的常住居民。在规划和设计这些组屋时，在基础设施配套上，以组屋区为中心，政府紧紧围绕居民的衣、食、住、行、娱乐和生、老、病、死等周密安排、精心设计，为社区的服务设施和居民活动预留了很大的空间，他们将所有住宅的底层设计为架空层，比如他们组屋内通常都设有一个小贩中心（出售日常用品）、一个熟食中心（小餐饮集中的地方）、一个蔬菜市场、一个停车场，建设大批的社区医院、银行、停车场等市政设施；无偿为居民委员会、民众俱乐部提供办公和活动场地，通过居民委员会、民众俱乐部等开展各种类型的主题活动，搭建软平台，实施居民服务；配套建有商业网点以及文化娱乐、体育锻炼等方面的福利设施和娱乐活动的硬件设施。在满足居民需求上，经过对服务范围、服务设施、服务对象进行测算，把满足居民日常生活需要贴近的商业和生活服务设施集中起来，设立"邻里中心"。留下政府组屋区内楼栋的底层，为居民婚丧嫁娶和老人、小孩提供活动场所，方便楼栋居民交流，满足了人们多层次的需求。这样也就基本上不存在占道经营、油烟扰民的问题和乱搭乱盖现象，车辆停放也井然有序，居民的需求基本上在社区内就可以得到解决，社区居民的生活十分方便。

为了对社区进行管理，提供有效的服务，丰富人们的精神生活，政府投资建设了111个民众联络所、535个居委会活动中心、77个邻里居委会、4所海上体育俱乐部、1所国家外展中心、1所儿童控险培训中心、1所青年社交俱乐部，以及各类社区医院、诊疗所、残障人工作坊、收容所、安老院等各类基础设施；社区服务，包括家事服务、保健服务等以家庭服务中心和社区医院为支撑成分，满足社区居民需求；邻里中心及邻区商店、巴刹（菜场）对小贩中心集中统一管理，既减少了商业活动对居民生活的干扰，又满足了居民对优质、方便的社区商业服务的需求；为适应大部分民众居住在组屋区的特殊情况，社区管理以物业管理为载体，市镇理事会负责选聘物业管理公司提供专业化服务，决定社区共有物业的使用安排和重大公共事务，非公共组屋住宅区则由业主民主推荐产生的邻里委员会来进行自治管理，专门负责管理本社区内的共有物业和重大公共事务；社区治安实行社区警察制，社区内设邻里警岗，并在此基础上建立邻里警局，邻里警局般与民众联系所共楼办公，采取一站式警察服务，与社区基层组织密切合作，提供全面治安服务。

组屋计划的实施和全国化，使许多传统的社会组织如宗乡会所等逐渐消失，被现代社区管理组织所取代。进而，组屋的发展及其相关的制度设计和管理措施又使得新加坡由松散的社会变成联系密切的有机社会，社会管理严格，社会组织系统更加严密。

新加坡的基层管理组织主要有三个：人民协会、公民协商委员会和居民委员会。这"三驾马车"由政府支持和控制，除了宣传政府政策、提供社区管理服务之外，还组织民众开展各类社区活动，在协助政府传播国家的共同价值观方面发挥了很大的作用。

人民协会是一个法定组织，1960年7月由政府组建，主席由总理兼任，另有一名部长负责日常工作，其常设机构是人民协会的董事会，由包括总理在内的15名董事组成，多数是政治家、国会议员和部长，其中10人是由总理任命，其余5人由人民协会各附属团体选举产生。[①]现今人协的附属团体约有90余个。人民协会的宗旨是"促进人民的和谐共处"。最初，人民协会管理的社会基层组织是民众联络所，随着社会的发展和人口的增多，民众联络所也不断增多，其作用越来越大，政府决定建立民众联络所管理委员会来对联络所进行管理。1964年10月2日，首批16个民众联络所管理委员会成立，当时给其规定的任务中就包括"帮助联络所附近居民发展公民意识"。

后来，随着城市化的推进，新的社区建立起来，人民协会下设了130个社区中心，每个社区中心由一个管理委员会负责管理，其主要职责是完成所在社区中心的活动计划、鼓励居民参加社区的各项活动、竭力完成人民协会在社区中开展的各项工作、把社区居民的心愿反映给人民协会总部，同时把政府的相关政策

---

① 李路曲：《新加坡现代化之路：进程、模式和文化选择》，第270页，北京：新华出版社，1996。

与运行情况反馈给社区居民等。①

公民协商委员会是人民行动党民设立的以选区为基础的带有地方议会特色的基层组织，其政治色彩更浓一些，因而更具权威性。它设立于1965年3月，最初有84个，其目的是确保人民行动党的政策、信息能及时传达给选民，由总理公署直接领导，公民协商委员会成员至少每月与该区国会议员聚会一次，就促进本选区的发展与福利进行磋商，向国会提出有关议案以及向政府建议应采取的措施。它主要负责传达信息和保障新加坡民众享受公民权利和履行公民义务，根据民众的要求给政府提出意见和建议，并把政府的相关信息反馈给民众，使民众知晓并支持以人民行动党为首的政府的相关政策与行动。②同时，也负责向国民灌输公民意识。这是一个全国性的基层组织，贯彻人民行动党及其政府的主张和某些政策，因此，它既具有地方议会的部分职能，也具有影子政府的部分职能。其议会职能包括每月与本区议员举行一次讨论，研究政府的各种议案，向政府提交预算报告。其政府职能包括在本选区内配合政府发动和组织全国性的社会运动，协助政府做好选举工作。但它不具有议会的立法权和政府的行政权威，可以被看成是一种半政府半民间性的社会基层组织。

居民委员会是新加坡政府城市化进程中建立起来的。新加坡

①马志刚：《新加坡的社会管理》，第31页，北京：群众出版社，1993。
②Jon S. T.Quah, Chan HengChee, Seah Chee Meow, Government and Politics of Singapore, Singapore: Oxford University Press, 1985, P183.

的城市化过程发展得很快，从20世纪60年代启动工业化计划和组屋建设工程开始，到70年代后期已有70%以上的居民住进了组屋区，新的组屋区的形成和城市化的生活，使居民们面临一种全新的生活和陌生的生活。具体来说，有两个变化导致了居民委员会的建设：

首先是，建屋发展局分配住房的原则是"先申请先分配"、公开抽签和按种族比例分配，这就打乱了过去按种族和按传统社团聚居的局面，使不同种族、不同社团和不同区域的居民在新的住宅区进行了重新组合，从而出现了不同种族、文化、语言和宗教背景的新社区，这种变化割断了人们数十年来甚至上百年建立起来的传统而熟悉的生活环境和社会联系，使大多数居民都生活在一个完全陌生的环境里，而且这种变化是在很短的时间里完成的，令很多人深感不适。

其次，城市化本身也带来了很多问题，高楼封闭单元式的住宅本身有利于私生活的保护，增强核心家庭的生存能力，但它不利于居民之间的往来，不利于建立密切的社会联系，相反却可能促进个人主义的发展，导致社区精神的衰落。这些快速而实质性的社会变迁给社会管理组织提出了新的问题和挑战。原有的基层组织如民众联络所和公民协商委员会面对这些挑战都采取了积极的态度，然而民众居住地的变化和联系的中断以及管理方式的新的要求使得，无论是民众联络所还是公民协商委员会，在人员和结构上都有相当的局限性，这是一个不易解决的问题。

正是在这种背景下，新加坡政府于1977年正式提出建立居民委员会的计划，其目的是对城市化后的民众进行有效的管理，当然包括在新的居民社区中构建共同价值观。这主要体现在在新的社区中通过解决居民的实际问题来发展居民的社区精神和对国家的认同感。例如，政府首先在马林百列和丹戎巴葛两个选区组建居民委员会进行试点，然后逐步推开，直到1981年，大多数组屋区都建立起了居民委员会，以后又不断发展，目前共有550个，可以说已经成为新加坡最主要的基层组织。

居民委员会由建屋发展局领导，委员都由本区的居民担任，主要服务对象平均有500户居民。它的主要任务是，增强来自不同地区、不同族群的新邻居们的团结，培养共同的社区精神和国家认同感。新加坡政府督促公务员积极参加居民委员会的活动，希望它成为加强各族人民一体化和各族人民与政府进行合作的重要基层组织。它的具体工作是提供居民与政府间的沟通渠道，使政府的相关部门可以及时地解决民众生活中的具体问题，例如大到医疗问题，小到维修电梯、走廊照明等问题，还要通过社会宣传和服务保障居民的安全，防止犯罪、吸毒及反社会活动等，鼓励居民之间的交往和种族的和谐相处。

三个基层组织在各个组屋区进行有效运作，成为国家对全国进行控制的最基本的组织网络。新加坡政府通过这些基层组织把民众吸收进来，实现有限的政治参与，在一定程度上消除了官僚体制与下层群众之间的隔阂；另一方面，公民的政治组织和政治活动被融入这种半政府的基层组织中，也限制了其自由度和政治参与的深度，使政治生活不至于过热，有利于政治控制和社会稳定。总体而言，这种带有有限民主性的社会基层组织将遍及全国的地方组织纳入了政治体制，它在政府和大众之间建立了一种体制上的联系，也提供了公众有限参与的渠道，也为日后扩大参与提供了基础。同时我们看到，在这"三驾马车"的运行及其诸多任务之中，有一项重要的任务是，它们都致力于公民的社区精神和国家认同感的培育，通过促进民众和种族之间社会生活的和谐来构建共同价值系统，培养现代国家意识。

社区参与计划

2006年李显龙担任总理后，多次申明政府将尽最大努力，甚至不惜一切代价去确保新加坡多元社会的和谐，并为此提出了"社区参与计划"。该计划是一项长期计划，目的是让国人对任何可能危及种族关系的因素保持高度警惕。"当一切看起来都风平浪静的时候，要长期保持高度警惕是很不容易的。所以，我们必须在事前把一个完整的社区网络建立起来，定期接受民众的回馈，以了解哪些课题会影响到族群关系，以此制定妥善的应对计划。"①

李显龙当时强调说，政府将继续加强各族之间的凝聚力，并

①《联合早报》（新加坡），2006年2月10日。

将设立一个由黄根成领导的社区参与计划部长级委员会，负责实施"社区参与计划"。政府将在这方面协调各项推动社区参与的计划，并且提供所需要的支援。他还指出，加强各族关系是个全国性的问题，非穆斯林如华人也应该在促进跨种族凝聚力方面发挥作用，政府也将平等对待各种族的语言和宗教。

按照社区参与计划，社区的每个成员都应尽一切可能为孩子提供良好的道德教育，提供实现"知行统一"这一目标的条件，帮助其"固化"道德意识，锻炼道德意志，践履道德行为。在这一计划指导下，社区对学校教育的"道德跟进"做得有声有色，颇有成效。例如，社区里总是活跃着一批"童子军"志愿者。每个周末，各个社区都有由小学生、中学生自发组成的"童子军"，他们将每家每户事先装好的旧报纸、旧书本、旧衣服拿到废品收购站或社区的跳蚤市场上去卖钱，然后孩子们自己策划，与社区的民众联络所联系，或者将这些钱买成礼物送到养老院慰问老人，或者去做社会公益活动。这样的活动很好地培养了孩子们关爱他人、关爱社会的友善情感。借助于良好的社会公德环境，学生们就能感受到学校"所教"与社会"所示"是一致的，是契合的，因此，学校"所教"就具有了可信度和说服力。否则，若是没有良好的社会道德环境做支持，再精心的学校德育互动也难逃"5+2=0"的命运。

在社区建设中，政府和人民行动党起着主导作用，并主动为社会建设中出现的问题承担责任；同时，大力提倡民间组织和力量为社区建设做出贡献。新加坡人民行动党在长期执政过程中秉承"执政为民"的理念，认真履行责任和义务，无论是制定宏观政策，规划长期建设项目，还是提供微观的服务，例如提供健全的社区公共服务和方便的社区商业，进行社区租屋的统一修建和修整、社区治安的维护等等，人民行动党政府都是以高度负责的精神进行服务的。同时它也鼓励民间组织参与进来，从财政、政策和行动上给予民间组织和社会力量有力的支持，形成了政府与社会力量共同致力于社区建设的崭新局面。

经过多年的探索，新加坡政府提出了独具特色的社区建设理念：民众——具有社会责任感、家庭——温馨而稳固、社群——积极并有爱心、社会——富有凝聚力和复原力。新加坡的社区建设虽以政府为主导，但在政府强有力的制度、法律、组织和财力支持下，在政府相关部门具体的路线导向和政策导引下，非政府组织（NGO）也在社区建设中发挥了举足轻重的作用。并且随着社区建设的完善和社区管理水平的不断提高，数量越来越多、遍及各个领域的非政府组织都发展起来，为社区发展和居民的精神生活和物质生活提供了更优质、更方便、更全面的服务。在这一过程中，社会团体在宣传、培育和营造共同价值观氛围中积极发挥作用，它们倡导共同价值观，促进种族和谐，加强社会凝聚力[1]，使民众对国家的归属感更加强烈。

社区建设的具体实施方式主要有：政府为社区活动提供主要

---

[1] 王一程：《浅谈新加坡的成功之道》，载《当代思潮》1997年第5期。

的经费拨款，配备相应的设施。政府拨款包括行政经费、活动经费以及专项经费。行政经费主要用于维持人民协会和民众联络所或民众俱乐部的运作，活动经费按社区发展理事会划拨，标准是每个居民每年1新加坡元，专项经费根据具体情况划拨。社区活动所需的设施牵涉到城市生活的各个方面。如商业活动、教育活动、宗教活动、体育活动等。在新加坡，以上设施的建设都是城市规划和建设中的重要组成部分，其建设与维护是由政府负责的，社区组织通常根据居民的需要和要求提出建设和维修申请。

新加坡强调政府主导下的"社区参与"，调动社区和普通民众的积极性，使社区建设贴近民众。它通过政府培养和民众推举选拔了2.7万个社区领袖，在他们的引导下，培养社区成员的参与意识，达到邻里守望相助，共建美好家园，在潜移默化中培养民众的共同价值观。

它还非常重视社区义工（志愿者）队伍建设，注重培养为社会自愿奉献的"义工"精神。这项工作由国家义务工作中心推动，促进民众以及社群的广泛参与，使义工活动成为社区服务的主体。形成了由政府倡导并推动，基层组织具体组织，以基层领袖为骨干，以广大义工为基础，民众广泛参与的社区工作格局。市镇理事会、民众俱乐部及其所属各个委员会，义工数量很多，例如居委会的工作者完全是兼职的、义务的。所有国会议员都定期接待居民，及时回复民众来电、邮件，许多国会议员更是积极主动参加各类社区活动，与民众打成一片，形成了组织、参与和资助各种社区活动项目的群众基础。随着义工越来越多、越来越普通，义工的这种无偿为他人和社会奉献的"集体主义"精神不仅提高了自己的精神境界、增强了社会凝聚力，也培育了整个国家的共同价值观。

新加坡有很多针对孤老残疾、贫困家庭的援助资金，但扶助的时间一般都在6个月以下，主要是帮助被扶助者暂时渡过难关。政府和各社会团体把更多的资金投向知识和能力培训，对有工作能力的人无论年轻还是年老，一律拒绝资助。政府明确指出，不能学西方的过度福利制度，要鼓励人们通过劳动来获得报酬。所以，在新加坡的共同价值观中有一种"劳动光荣，享受可耻"的精神。

作为一个多元种族、多元文化的小国，政府要尽量避免或减少社会冲突以实现有效的国家治理。社区是政府治理和国家政权在社会的延伸。民众接受国家的治理，都是通过身边的社区事务来实现的，因此，社区在联系民众和政府中所起的作用是十分重要的。因此新加坡政府历来都很重视基层社区的建设和完善，并积极引导各种各样的基层社区组织为社区建设服务，促进基层社区的和谐发展。

具体来说，政府通过对社区组织的物质支持和行为引导，把握社区活动的方向，凡是不利于种族和社会团结、不利于政治和社会稳定的活动，都一律禁止，而且管理得很严。同时，有相当一部分社区活动都是政府自己发起的，其中某些环节还受到政府的资助。例如，基于社区建设的公共事务，新加坡政府负责90%

的社区基础设施建设费用和50%的日常运作费。总统和政府总理每年国庆等重大节日时都要对有贡献的基层社区领袖进行表彰；国会议员也要经常参加社区的各类活动，在社区接见民众，听取民众意见等。

另外，新加坡的社区领袖实际上就是在基层从事公民咨询委员会、民众俱乐部和居民委员工作的人员，他们是由政府委派的，他们的工作是义务性的服务。政府很重视对这些基层社区领袖的培养，不断地对他们进行培训，提高他们的素质。政府总理在各种场合的演讲中都对他们的工作给予充分的肯定，使基层工作者有责任感和光荣感，自愿配合政府的政策和工作。新加坡国家住宅发展局是负责实施政府建屋计划和统筹物业管理的职能部门，它配有全日制的联络官员负责与各社区居民委员会进行沟通，为社区居民委员会提供办公场所和设施。例如，优秀的社区工作领袖林焕章先生是拉丁马士公民咨询委员会主席，从13岁起就在社区当义工。现在是新加坡全国52名太平绅士之一，有着很高的社会声望。作为优秀的社区工作者，他因为受到政府的奖励、社会的尊重和人民的爱戴而倍感光荣；同时，作为一名社区工作者，他的行为无不受到国家政策和政府部门的影响。政府还给予这些志愿者一些政策上的优惠，比如允许社区工作成绩突出的社区领袖的孩子优先报名进入好的学校上学，社区领袖在选购组屋时享有优先权等，并根据社区志愿者的服务年限不同分别授予"国庆总统奖章"、"公共服务奖章"、"公共服务勋章"、"公共服务勋条（绶带）"等称

号予以奖励。在新加坡有很高声望的52名"太平绅士"中，也为
社区领袖留下10个名额。这些都影响着社区志愿者的政治和行为
取向。

不管是社会发展及体育部这样的政府单位，还是像人民协会
这样的半官方性质的组织，还是像德教太和观这样的民间福利组
织，它们的各种人力、财力和物力需求，除一部分可以通过自身
募捐、广泛宣传动员志愿者义务参加，以及发动社会捐助等方式
筹集外，大部分的人力、财力和物力还是需要政府为其提供的，
因此，政府始终主导着社区活动。例如，政府为民众俱乐部提供
了90%的基本建设资金，为各类志愿福利团体和社会组织也提供
了一半以上的资助。丹戎巴葛家庭服务中心有关负责人介绍，
该中心成立于1991年，是服务于丹戎巴葛选区全体居民的一个服
务机构，虽然它90%的开办资金是由政府提供的，日常运营资金
50%由政府提供，公益资金只占25%，德教太和观自己提供25%
的资金，但管理权归德教太和观，政府并不直接管理。另外，政
府每年拨款4600万新元，相当于2亿多元人民币，为广泛开展社
区的文化活动提供经济支持，这笔经费与新加坡外交部一年的经
费相当。从中可以看出，没有政府的财政支持，家庭服务中心就
很难顺利运转，这也决定了其工作要围绕着政府提出的方向展
开，不能有过多的独立性。

政府有关部门负责制定社区发展计划和评估标准，社区发展
理事会、民众联络所、居民委员会等机构在政府指导下自主活
动，并及时向政府反馈民众意见。各政府部门根据社区居民需

要，调整规划和管理方式，按照衡量社会服务的相关标准，评估各组织的业绩，决定下拨活动经费的多少。政府的行政部门、社区管理机构、基层自治组织及社会团体之间职责分明，上下贯通，相互补充，形成了科学、合理、灵活、自治的社区建设模式。政府的治理理念就是有所为有所不为，除了政治和财政外，尽可能给基层的社会组织以更大的活动空间，因为它们更加贴近民众。近几年来，一般来说，凡可自主管理的，政府都要放手，只负责提供指导和经费。通过扶持NGO，培养社区成员的参与意识，促进公民社会的发展，形成了"大政府"主导下"小社会"组织发育和运作完善的社区模式。

1990年，新加坡教育部制定和推行了一项学生社区服务计划。该计划规定，学校要设置专职的课外活动主任，专门负责学生社区服务计划。这些计划包括"好朋友"计划、关怀与分享计划、到福利收养所和儿童组织服务、清洁环境计划，还有临时服务如春节慰问活动和慈善捐赠活动等。除此之外，新加坡政府也积极创造良好的社会环境予以配合，如经常在全国开展"文明礼貌周"、"禁烟周"等活动。这表明，新加坡政府推行的共同价值观的教育很注重社会实践活动，力求做到知行合一。

此外，新加坡政府还注重通过化解社区矛盾、促进社区和谐来落实共同价值观。1998年成立社区调解中心，由调解员协助化解家庭与邻里纠纷，帮助他们改善关系，从根源上消除矛盾。尽管新加坡在国家法庭下设立邻里纠纷仲裁庭，以法律作为解决邻

里矛盾的最终手段，但社区调解中心仍在调解邻里纠纷的过程中
扮演重要角色。社区调解是一项费时耗力的苦差事，为了让纠
纷双方有机会沟通并做出妥协，在仲裁庭受理诉状前，起诉人
必须和邻居共同接受调解。即便在仲裁庭受理诉状后，主簿官
还是可以强制双方接受开庭前调解，一些有经验的调解员将应
邀进行调解。

　　2014年底，社区调解中心推出了一个自助式网络平台，让调
解员可以上网查阅个人资料及培训记录，并在论坛上交流各自的
调解经验。调解员可以通过这个平台自行选择要调解的个案，省
去目前人工分配个案的烦琐过程。2015年，社区调解中心还将通
过教学视频和工作坊，向公众传授基本调解技巧，教他们如何自
行处理生活和工作中遇到的纠纷。[①]

　　新加坡政府认为，体育是聚集民众的一种群体活动方式，鼓
励国民不分种族或宗教、年龄参与各种形式的运动会，不仅可以
增强人们的体质，而且可以增加人们之间的情感交流，增强共同
价值观。如为加强各族群的社区凝聚力和应对紧急情况如恐怖袭
击的能力，政府建议不同宗教团体在社区参与计划下轮流主办
"和谐运动会"。2013年，新加坡和谐运动会的主办团体是锡克
教咨询理事会，这次和谐运动会增添了深受锡克教徒喜爱的曲棍
球比赛项目，还邀请出席者一起跳锡克邦拉舞（Bhangra），深

---

①《联合早报网》：《首位首席社区调解员：除断"家务事"，更要促进睦邻关系》，陈
婧报道。

受社区民众的喜爱。①

从2012年开始，新加坡还举办社区运动会（Singapore Community Games），主要由人民协会和社区体育俱乐部理事会组织，鼓励居民广招亲朋好友和邻居组队参赛。当年吸引了约800支队伍参加，超过9000位居民参加七个主要竞赛项目，包括羽毛球、篮球、保龄球、足球、藤球、英式篮球和乒乓。该运动会一直贯彻人协近年所强调的"全方位关怀"（All care）概念，鼓励基层组织利用各种渠道，联系不同年龄层、种族和住宅区的居民。参赛队伍必须由住在组屋和私宅的居民组成，种族也要多元，每支队伍都要至少包括华人、马来人和印度人。

社区运动会的参加人数逐年增加，不断刷新往年参与人数的纪录。人民协会希望借着这股趋势，乘胜追击，吸收越来越多的居民参与进来。这种社区运动会的特点是参与方便、接地气、居民喜闻乐见。例如，跑步接力赛分不同的年龄组，让所有的人都有可能参加，并且不局限在体育场内，而是让居民有机会环绕组屋区活动，通过这种方式欣赏组屋区风景，提高居民的参与兴趣，推动全民参与。

人协举办社区运动会的主要目的，就是要通过这项体育竞赛来提倡全民体育运动，并通过这场体育盛事在全国各个社区带动社区民众的参与，增强社会凝聚力。

新加坡政府在2014年11月8日推出了"2015年新加坡永续发

---

① 《联合早报》（新加坡），2013年4月14日。

展蓝图"，强调国民对社区的关怀，加强社会建设。李显龙总理承诺政府将在未来五年内拨款15亿元，从生态智慧、节能、零浪费、发展绿色经济和动员全民五大方面支持、鼓舞和指导国人齐心打造更宜居的国家和美好家园。为落实蓝图的规划，须重视改变和调整国人的心态和一些习惯，正如李显龙总理所说："要真正实现发展蓝图所描绘的愿景，新加坡人的行为规范必须产生根本的变化。"这标示着发展各种硬件设施须以人为本，注重人的价值观的培育，重视建设永续发展的民心工程。随着全球化的进程不断推进，新加坡作为国际化的大都会，不断有各种文化背景的居民来新加坡定居，这就需要不断培育人们和谐共处、爱国、爱家的意识，培育建设美好家园的共同思想基础。

发展生态城市，离不开居民对社区的关怀，以及对居住环境的爱惜。在新加坡，"我为人人，人人为我"的行为理念、"清洁绿化，全靠大家"的环保理念已经深入人心，成为人们的行为规范。据政府统计，2013年新加坡共产生了近800万吨垃圾，平均每个人一年产生约1.5吨垃圾，数量惊人。需要全民的力量才能保持环境的质量，需要每个人从我做起，从家庭做起。在新加坡，人们的环境意识很强，在家中父母以身作则，在饭桌上不要浪费食物；在餐馆、熟食中心，客人须适量订餐进餐，减少浪费，否则会受到处罚。人们之所以具有强烈的环境意识，重要的原因之一就是具有社会责任感和对国家的忠诚感。

持续发展蓝图的远景之一是提倡人们多步行，减少用车。

为此，近年来，新加坡发展脚踏车，受到人们的欢迎。但也有些不良现象亟须矫正，比如，在社区公园内，经常能看到脚踏车骑士飞驰而过；在组屋区的通道、走廊上和儿童游乐场内，也有部分少年儿童骑着脚踏车相互追逐，不顾及行动不便的老人和年幼的孩童。为此，政府考虑禁止脚踏车在组屋区内过道和儿童游乐场内行驶，在公园内和走道上，也须清晰划分人行道和脚踏车过道的分界。为了未来有更密集的脚踏车过道，须经常教导公众，尤其是青少年和儿童遵守骑脚踏车和公路交通的条例，照顾他人安全和爱护妇幼老人。

新加坡开展的这些广泛的社区活动，培养了民众爱他人、爱社区、爱集体、爱国家的爱心精神，为培育共同价值观创造了深厚的文化氛围，奠定了民众的心理基础。

当然，新加坡的社区并非没有问题，由于政治生态正在发生变化，民众对社区领袖的产生方式表现出一些不满。自20世纪80年代以来，政府委任社区领袖的做法以及国会议员在选区内的政治核心地位受到了挑战，民众要求选举社区领袖的呼声日益高涨。

种族融合政策

新加坡政府在促进种族关系方面做了很多努力，也制定了完备的政策。1965年12月8日新加坡第一届国会召开时，时任总统尤索夫即宣告："新加坡将以更大的决心，实现多元种族、多元文化、多元宗教相互容忍的社会"，因为"新加坡的前途依赖她的人民的团结一致与效忠精神"。执政的人民行动党将"建设一个多元种族、多元文化的国家，主张种族平等、宗教信仰自由和多种语言文字并重"的内容纳入到建国纲领之中。1966年，新加坡发布《新加坡公民信约》，誓言要将新加坡建成一个多元种族、多元宗教和谐团结的国家，号召每个新加坡人都要为种族团结做出自己的贡献。

独立后，新加坡政府认为，解决种族矛盾的根本关键在于消除种族间的经济差距、教育差别和政治歧视。1931年到1975年间，新加坡的经济结构发生了重要变化，其加工业，如制造业、建筑业和服装业等行业的雇佣工人占全国劳动力的比例从15.6%增加到32%，商业和金融业雇佣工人的比例增加了近一半，从21.2%增至29.2%。而基础产业，像农业、林业、捕鱼和采矿业雇佣工人的比例则急剧下降，从12%降至2.5%，运输、仓储和通信业也从18.8%降至11.8%。

产业结构的变化影响到各种族劳动力的配置变化。还以1931到1975年间为例，华人与马来人的劳动力结构发生了重要变化，华人在制造业、建筑业、造船业和公用事业中受雇人数几乎增长了一倍，从占劳动力总数的18.1%增至32.4%，而马来人同期在这些行业中则增长了两倍，从10.1%增至32.9%。这样，1975年有1/3的华人劳动力和1/3的马来人劳动力都集中在这些行业中，所以新加坡的工业化，尤其是在人民行动党执政后，带来了种族的结构性融合。[①]

早期新加坡殖民政府推行种族分立政策。当时的学校由教会、殖民政府以及宗亲组织建立，他们都从小集团或本地的利益出发，把本族文化和语言的发展当作教育发展和培养人才的唯一方法和目标。整个19世纪到20世纪初，华人的学校都是用本族一种语言教学，而且学生都来自狭小圈子之中，教学内容也缺乏科学性；而殖民政府的学校为了保持种族力量的平衡，防止华族势力发展过大，在一段时间内只收马来族学生。这种教育制度下培养的学生虽然对本族文化的感情较深，但对整个国家和种族的认同很少，没有为种族和谐做出多大贡献，这在殖民统治下对统治者是有利的，但对于建立一个现代国家来说，就远远不够了。

1959年人民行动党上台执政后，就改变了这种教育政策，实行混合教育政策。为此，政府确立了三大教育目标：认同和效忠新加坡国家；提供知识、技能和价值观给学习者；增加各种族和各族群获取教育的机会，并造就机会均等的局面。可以说这三项目标都含有发展种族关系的内容。认同和效忠新加坡国家实际上是种族关系发展的最高目标，它是要在"国家"这个层面上使各种族取得平等地位，这样的价值观当然包括种族和谐，各种族都认同同一个国家才能消除种族隔阂，从而给各种族提供平等的教育机会。

---

① 李路曲：《新加坡现代化之路：进程、模式与文化选择》，第83页，北京：新华出版社，1996。

1960年，新加坡政府开设了两所用两种语言教学的学校。由此，新加坡政府使得英国殖民统治时期新加坡存在的四种不同源流的学校，即英文学校、华文学校、马来学校和印度学校合并为一种学校加以管理，用两种主要语言教学，使不同种族的学生能够在同一所学校里学习。到1972年，新加坡建立了107所双语制学校。一般这样的学校都是用英语和一门本族语言，如华语、马来语和印度语进行教学。不同族群的学生在同一学校上课，虽然教学用语不同，但天天见面，共同参加课外活动，自然会在潜移默化之中冲淡族群间的歧异，缩短族群之间的距离，打破族群间界限。后来，由于英语在就业和工作中的作用不断增大，而且推行英语没有种族背景，不会引起种族猜疑，所以使用英语的学生迅速增加，到20世纪80年代末，政府就取消了各母语学校，各校完全以英语为第一教学语言。

为了给各种族提供平等的受教育机会，新加坡政府的教育政策一度对马来人特别优待。建国之初，因马来人的文化水平比华人和印度人都低，所以从60年代起，政府规定，凡马来人的子弟在中学和大学就读，一律免费（当时新加坡已在小学实行了义务教育）。即便如此，由于传统积淀太深，很多马来人家庭的经济收入和文化水平很低，仍然无法或不愿使子女接受中高等教育和职业教育。面对这种情况，新加坡政府1981年设立了"巫族教育基金"，资助马来学生甚至其家庭的生活。此后10年，马来人的教育水平和生活水平提高很快。

新加坡政府还在学校推行"双语"政策，使各族学生除了学习和使用本族群的语言外，以英语为共同语言，"推行共同的语言，培养共同的感情"。这样，既尊重各族群语言的历史渊源，有利于保留本族群传统文化，又能为引进外国资本创造良好的语言环境，激励各族群共同学习和掌握西方的先进技术。这种语言政策反映了新加坡领导人对新加坡现实的清醒认识和对未来的远见卓识，兼顾了英语的工具性和母语的情感性。因为新加坡政府认为，"语言是种族的灵魂"，语言问题是族群关系中的一个敏感问题，是种族情感、种族认同和种族文化的纽带。在英国殖民者统治时期，当局一直推行种族隔离政策，各种族都有自己的居住区域和活动区域，相互间来往很少。在这种状况下，种族间的冲突被压制了，但并没有减少他们之间的对立情绪和潜在敌视。在工业化到来之后，这种各自为政的状态很快被打破了。

20世纪50年代中期，殖民政府在新加坡推行新的征兵制度，华族大力反对，酿成了暴乱事件。为平复民怨，殖民政府在1955年成立了一个包括各党派在内的调查委员会，为调查社会骚乱和种族不和的原因，各党调查委员会提交了关于教育的报告。1956年，这个报告被议会批准，其主要内容是：第一，由于马来族在马来亚居于优势主导地位，因此承认马来语为国语，马来文为国文；第二，承认马来语、英语、华语和泰米尔语为公共行政和教育施行的官方语言；第三，各种不同语文学校的官方补助和毕业文凭一律平等对待；第四，小学采取强制的双语教育，中学为三语教育；第五，重编各级教科书，教材内容以强调各族人民认同新加坡为主；第六，按地区设置学校，避免开办单一种族学校。这些原则的宗旨是消除种族矛盾。

1959年人民行动党执政后，全部采纳了这六条原则。这样，在新加坡十多种生活用语中，政府从尊重各种族之间语言的差异和地缘政治的实际出发，制定了多语政策，把华语、马来语、泰米尔语和英语作为四种官方语言，具有同等地位。在每年一度的新年电视演讲中，新加坡领导人要用四种语言向全国人民发表演说。在政府看来，英语是科学、工艺、技术、商业及行政管理所采用的语言，而华语、马来语和泰米尔语则是各族群文化遗产与优良传统的载体，不可消失。试想，如果新加坡将华语作为各族群的共同语言，一方面可能会引起国内其他族群的不满，另一方面也可能激起大华人沙文主义，而这些都不利于族群和谐。为了促成新加坡政治上的统一，结束各族群在语言上的冲突，政府鼓励各族群把英语作为族群之间进行交流与沟通的工具，从而使英语成为消除各族群之间语言隔阂的桥梁。由此，把英语定为行政用语，把马来语定为新加坡国语。与此相对应，新加坡国歌和军队口令也使用马来语，多种语言的混用虽然给日常生活带来了一定的不便，但也使各族群体验到了某种程度上的平等。[①]李光耀多次强调："各个不同人种、文化、语文以及宗教所具有的各种优良特点，必须保存下来。"[②]

[①]李文：《东南亚：政治变革与社会转型》，第328页，北京：中国社会科学出版社，2006。
[②][新加坡]李光耀：《李光耀四十年政论选》，第399页，新加坡：新加坡报业控股华文报集团，1996。

此外，新加坡政府为了改善各族人民的关系，促进种族的融合，培养各种族的包容与和谐，积极推行族群混合居住政策。人民行动党上台伊始，全国面临住房危机，政府采取了大力发展公共组屋的政策。因为当时政府就颇有远见的考虑到，建设大量的组屋区不仅是要改变国人的居住条件，实现城市化，也能做到改变种族隔离的局面，通过各种族的杂居来促进种族关系的结构性调整和发展。这一政策将来自不同地区的不同族群分配到同一栋住宅、同一个小区中，促使各族群互相了解、加强接触，使得各族群杂居生活，打破了社区原有的族群聚居、分区居住的界限，只按照公民身份、级别、收入高低以及家庭成员多少进行分配，有意实行种族杂居，为多元族群和谐政策的实现打下了良好的基础。

为此，新加坡建屋发展局按照全国种族人口的比例安排组屋区和新镇的不同种族人口的比例，以期实现华人、马来人、印度人和其他种族的人毗邻而居的新型社区。新加坡政府曾几次颁布过有关政策，如1989年实行的种族按比例居住原则为：华人在每一社区的人口比例不能超过84%，在每座楼房中不能超过87%；马来人在每一社区不能超过22%，在每座楼房中不能超过25%；印度人在每一社区不能超过10%，在每座楼房中不能超过13%。这种做法打乱了原来按照种族和传统社团聚居的局面，促进了种族和传统社团的沟通和交流，有助于产生新加坡种族的一体化和认同感，从而进一步加强了不同种族之间的融合，进而有助于培养各族民众的种族容忍与和谐精神，加速了不同族群的融合。

在政治参与方面，多元种族主义也在发展，改变了整个19世纪和20世纪上半叶华族、马来族和印度族均缺乏政治参与和政治权力的局面。英国殖民统治时期，殖民当局通过种族隔离和以夷制夷的政策垄断了几乎所有的政治权力的局面。日本占领时期，占领军利用马来人来统治华人和印度人，酿成了种族仇恨。日本战败后，这种种族仇恨酿成了种族骚乱。但这种情况很快随着战后种族主义运动的发展而改变了，各种族的政治参与不可避免地发展起来。20世纪50年代建立的种族主义政党几乎无一例外地反映了多元种族社会的特点，在组织上，各政党尽可能地吸收其他种族的人入党。例如，人民行动党在1954年成立时就在党内设立了"马来人事务局"，负责吸收马来干部。在第一届、第二届自治政府中也都配备了各种族的代表。

人民行动党在成立之初就把自己看成一个多种族的政党，在种族主义的运动中又不断加深了对这一问题的认识。1959年人民行动党上台执政后，很注重吸收马来人和印度人进入政治高层。独立时，总统尤索夫就是印度人，很有实权的副总理惹耶勒南也是印度人，印度人还在各级法院和检察院中担任法官和检察官，任职比例大大超过其人口比例。相比较而言，马来人担任官职的比例就低于印度人，这主要是马来族一直发展比较落后，受教育者少，因而有政治才能者也少的原因。但人民行动党一直拔擢马来族领袖进入政府机构，每届政府中都要有马来人担任部长。

人民行动党政府的多元种族主义思想很早就以政策和法律的形式确立了下来。新加坡1967年《宪法》规定："始终不渝地保护新加坡少数种族、少数宗教集团的利益，应是政府的职责。"1970年，新加坡成立了隶属于总统的"少数种族团体权益委员会"。根据宪法补充条款规定，该委员会的主要功能是检查政府或国会的各项任务，核实有无发生任何侵犯种族或宗教团体权益的事情。[①]

在组织上，人民行动党越来越注意贯彻按种族比例来选拔官员，尤其是高级官员的原则。在20世纪60年代末期，在人民行动党的最高决策机构中央执行委员会的12名成员中，华族占66.7%，马来族占16.7%，印度族占8.3%，其他各族占8.3%，这与各种族的人口比例大致相当。70年代末期，在政府的公务员系统中，各种族的比例是华族占67.2%，马来族占19.85%，印度族占9.2%，其他各族占3.2%。当时新加坡各种族的比例是华人占76%，马来人占15%，印度人占7.5%，其他各族占2%。可以看到，少数种族在政府公务员中的比例略高于他们在人口中的比例，这也体现了种族平等的政策。

人民行动党执政以来，在历届政府中都有马来族、印度族甚至其他种族的代表，这已经成为一个不成文的规定。此外，人民行动党及其政府还注重培养少数种族的政治人才。例如，1984年人民行动党控制的国会推出"集选区"的选举分区原则，他把

---

① 见《新加坡共和国宪法》，第八十九条，第一款、第二款，载韩大元主编：《外国宪法》，北京：人民大学出版社，2000。

一些单选区合并成12个集选区,在集选区实行3人一组的候选人制,3人中必须有1人是马来族或印度族,一旦选举获胜,3人一起当选。1988年又把12个集选区扩大为15个,候选人也由3人一组改为4人一组。通过大选当选国会议员,进而入阁,不仅锻炼了少数种族候选人的政治才能,而且使选民和候选人都懂得,少数种族和华人分享政治权力应通过合法途径,这样才能最终解决少数种族政治参与的合法性问题。

这种从文化、社会、经济和政治各个方面,通过行政、立法、司法和选举等方式体现的多元种族主义的治国方略,是新加坡种族融合的根本保障,也是其构建共同价值观和政治现代化进程的一个有机组成部分。[①]

宗教和谐白皮书

新加坡汇集了世界上形形色色的宗教,这也就造就了新加坡人宗教信仰的多元化。针对不同种族共处、多元宗教并存的情况,新加坡政府认为,多元种族导致多元宗教,种族的和谐与宗教的和谐可以互相促进,互为基础。因此,政府努力实现不同宗教之间的和谐与宽容,以宗教的和谐促进种族的和谐。1959年,人民行动党上台执政之初就成立了宗教委员会,旨在促进各宗教

---

① 李路曲:《新加坡现代化之路:进程、模式与文化选择》,第98—102页,北京:新华出版社,1996。

之间的理解与合作，并加强同全世界宗教团体的联系。鉴于其他
东南亚国家设立国教导致宗教冲突和社会混乱的教训，新加坡政
府决定不设国教，让各宗教处于平等地位。

　　新加坡宪法规定宗教信仰自由，鼓励各种宗教加强接触和互
相了解，提倡尊重他人宗教信仰的自由，也尊重他人选择或拒绝
某种宗教的权利，反对宗教干涉和介入政治，实现宗教与政治的
严格分离。新加坡还通过法律手段来维护各宗教间的和谐。新
加坡《宪法》第15条规定了"宗教信仰自由"的基本原则："人
人有权信奉并宣扬自己信仰的宗教"，也对"自由"进行了明
确的规范："没有授权任何人可以任何理由和行为违反公共秩
序、公共健康或公共道德，任何自由都是在法律和宪法规定内的
自由。"①

　　宗教问题往往和族群问题联系在一起，因此新加坡政府一
再强调族群、宗教间要和睦共处。尽管新加坡是华人主导的国
家，新加坡华人又大多信奉佛教、道教、基督教及传统民间信
仰，但新加坡政府一直致力于建立一个世俗且宗教平等的国
家，坚持"宗教中立"，宗教不干预政治，政府也不干预各大
宗教事务。

　　为将新加坡建设成为宗教和谐、信仰自由、各教平等的社
会，政府不排斥任何宗教，也不以哪种宗教为国家的主导宗教，
实行政教分离，主张各宗教信仰之间相互容忍。新加坡从国家

---

① 见《新加坡共和国宪法》，第十五条，载韩大元主编：《外国宪法》，北京：人民大学
出版社，2000。

生存与安全的战略高度，厉行宗教自由与政教分离的基本原则。一方面实行宗教自由政策，确认新加坡为多宗教国家，不立国教，不定一尊。李光耀指出："宗教有一套大致上放之四海而皆准的道德价值观。所有宗教都向信奉者灌输某些共同的美德：仁爱、谦卑、正义和社会良知。"除邪教外，各宗教的教规与正当活动都应受到尊重。政府提倡宗教与族群间的互相容忍精神，确保多元宗教在法律的范围内活动。另一方面禁止宗教团体插手政治，反对任何宗教与政治结合，各宗教教义不得加进政治内容。

　　政府反对任何强势的或大的宗教集团操纵权力，支配或强迫其他人信仰自己的宗教，各教派之间不得互相攻讦，尤其是不能披着宗教的外衣搞政治活动。李光耀曾表示："宗教是种族文化中的重要一环，信徒要有自己的道德价值观念。但宗教必须与政治分开，要为全国人民的利益和国民经济做出努力。我希望各宗教互相容忍，这对多元族群、多元宗教的新加坡非常重要。"①政府尊重各族群的信仰自由，各教派都可以宣扬自己的教义，有自己的宗教设施，可以接纳自己的教徒，开展各自的宗教活动。

　　新加坡一度发生了一些人利用宗教组织进行政治活动、煽动种族情绪的现象，对此，政府进行了严厉的镇压。此时，为了维护宗教信仰的多元并存、宗教平等和相互和谐，1989年12月28

---

①张青：《出使新加坡》，第178-179页，北京：中央文献出版社，2002。

日，新加坡政府颁布了《维持宗教和谐白皮书》，制定了限制宗教组织进行超宗教活动的政策，授权政府限制那些利用宗教实现政治目的并威胁宗教和谐的人的自由，为管理宗教提供了准绳。这个重要文件也规定了政府此后一段时间对宗教过热问题的对策和政府对宗教问题的基本立场。政府有权制止此类宗教领袖两年内对信众讲演、发表观点或在出版机构中担任职务。同时，新加坡政府还成立了"宗教和谐总统委员会"，就宗教事务向总统提供建议，该委员会由9人组成，由前任最高法官担任主席。在9人中，6人分别被指派代表锡克教、耶稣教、佛教、印度教、伊斯兰教和天主教。

美国"9·11"事件后，新加坡政府为了让各族民众认清恐怖主义的危害、打击恐怖分子，于2003年1月10日公布了《伊斯兰祈祷团及恐怖主义白皮书》，详细叙述了对伊斯兰祈祷团的逮捕行动，还有这一组织形成的历史根源、行动计划与攻击目标、以及政府对恐怖主义威胁的评估与报告等。然而，人们对恐怖活动到底了解多少？新加坡的恐怖分子尽管很少，但他们都是马来人，这就给马来社群提出了一系列尖锐的问题：他们该如何面对这一难堪的局面？作为占新加坡大多数的华人如何看待此问题？在日常生活中，马来人该如何与他族相处，才能真正达到和谐？一向奉行多元族群与多元宗教的新加坡面临着如何处理这些问题的挑战。

对此，处于伊斯兰国家环绕之中的"飞地"、因而种族问题十分敏感的新加坡及其政府并没有表现出软弱和退缩，而是敢于直面复杂的问题。2003年7月20日，新加坡政府发表了《宗教和谐声明》，指出宗教和谐是确保新加坡和平、进步与繁荣的重要前提，各族必须通过相互容忍、信任、尊重和了解才能强化宗教和谐，鼓励新加坡人在每年族群和谐日（7月21日）的一周内朗诵此声明，即"我们同为新加坡人民，谨此声明：宗教和谐是确保我国多元种族、多元宗教社会之和平、进步与繁荣的要素。我们决心通过互相容忍、信任、尊重和了解，强化宗教和谐。我们将始终如一，确认国家的世俗性，提升社会的凝聚力，尊重每个人的信仰自由，既开拓共同空间也尊重彼此差异，促进宗教间的沟通。从而确保在新加坡不会被滥用宗教来制造冲突与不和"。声明还强调了以下五项主要内容：（1）确认国家的世俗性；（2）各族群应加强新加坡的社会凝聚力；（3）尊重公民的信仰自由；（4）各族群既要扩展共同空间，也需尊重彼此的差异；（5）努力促进各宗教间的沟通，确保宗教在新加坡不会被滥用来制造冲突与不和，所有宗教都奉行和平、爱心与关怀理念，确保任何人都不能以宗教的名义进行颠覆政府的行为。此后，参与拟定此声明的所有宗教代表们还组成了一个跨宗教和谐圈（IRHC），以促进各种宗教之间实现容忍与节制。

继《宗教和谐声明》之后，新加坡政府又于2006年10月设立了"全国种族与宗教和谐常务委员会"，以加强不同种族和宗教团体之间的联系与互信。这个组织在实践中发挥了重要作用，它经常把许多不同种族、不同派别的信徒聚在一起，商洽国家的种族和宗教事务，为新加坡的和谐稳定建言献策。通过参加这个组织的活动，不同的信徒不仅在其心灵家园中寻得宁静与归宿，同时也为社会的发展贡献了自己的力量，从而使宗教对社会稳定起到了积极的促进作用。

　　在新加坡，宗教与种族存在紧密关联，突出表现为宗教的种族性和种族的宗教性。在现实社会中，宗教往往成为种族主义运动的旗帜和催化剂，宗教冲突时常与种族争端相伴相随。对此，新加坡政府还制定了防止种族和宗教冲突的"宗教和谐准则"，具体规范人们涉及宗教和种族关系的行为，并指示人民协会在社区、学校和工作场所广泛设立"族群互信圈"与"和谐圈"，以促进不同宗教各个族群之间的理解。[1]

①方军祥、李波：《种族和谐的新加坡》，载《当代世界》2004年第7期。

新加坡
熔铸共同价值观

第四章
共同价值观的践行

　　新加坡是当今世界第一个以国家白皮书形式提出共同价值观的国家，这虽然是由上而下的顶层设计，但实施20多年来取得了理想效果，主要得益于领袖的亲身示范与国民的积极实践。

第一节
领袖示范：身体力行引领

精英引领

自从提出"共同价值观"后，新加坡人民行动党及政府领导人都积极地带头倡导和践行共同价值观。人民行动党通过党纲、党的领袖的演讲、党员的实际行动来推进"共同价值观"的落实。政府公务人员要以廉洁、高效、精干的良好形象来发挥引领作用。新加坡政府领导人每当国庆、元旦、华人春节等重大节日和重要集会上，都会反复重申共同价值观。李光耀强调，新加坡政府要有勇气领导人民摒弃自身的种族、语言和宗教偏见，朝向一个更容忍、更合理和更有结合力的社会迈进。

在20世纪90年代，新加坡领导人更注重通过强调传统价值观来提示共同价值观的重要性。1996年1月，李光耀在接受记者专访时指出："在资讯发达的时代，我们必须确保我们的孩子保留基本的价值观，只有这样，他们才不致受到西方的影响。"①
同年2月，吴作栋在发表新春献词时也指出："我们的传统就像
是我们社会中的'气'，'气'促使我们不断向前，我们需要
'气'来保持强壮。如果我们的'气'很弱，我们就会被难题和
挑战打垮。"他同时呼吁新加坡人"拨出时间来加强家庭成员之
间的关系，向儿女灌输久经考验的传统价值观，以免家庭所扮演
的角色继续被削弱"②。

　　基于这种认识，新加坡政府采取了许多法律和政策措施，来
促进人民对传统价值观的保留和对共同价值观的遵从。例如，通
过立法，规定子女必须照顾、赡养老人，"单身妈妈"不能直接
向建屋局申请购买组屋。1996年2月21日的《联合早报》社论指
出："我们现在都可以感觉到，加强东方人的家庭伦理关系，灌
输亚洲人所共有的传统价值观，已经逐渐成为新加坡人的共识。
这是新加坡独立以来，物质建设以外的另一重大成就，我们必须
在这方面继续坚持和努力下去"。社论强调，"发扬固有与共有
的文化与价值观，是一个多元社会凝聚力能否长久延续与巩固的
关键。失去这种凝聚力，国家就会有后顾之忧，也就无法长久维
持经济的冲刺力。因此，我们应该更加认真看待政治领袖的呼
吁，在自己的生活态度上做出更加积极的回应。"

　　新加坡领导人非常重视家庭的力量，李光耀总是毫不掩饰自
己对于家庭的热爱。他曾公开对记者说："我的妻子是我力量的

---

①《联合早报》（新加坡），1996年1月9日。
②《联合早报》（新加坡），1996年2月15日。

源泉。"吴作栋也说，家庭是他生活宇宙的核心。如果没有家人支持，他将失去方向，生活也将变得空虚。1992年10月29日，时任新加坡副总理的李显龙在确证自己患了恶性直肠淋巴肿瘤之后对记者说："我的家庭虽然分散各地，但是有这样的事情发生后，还是凝聚在一起。所以，我们说家庭是社会的根本，这是很重要的。"

新加坡领导人以身作则，十分重视自己与家人一起活动，并总是向社会宣传长辈要多与孩子们在一起。李光耀反复强调新年除夕家人团聚的意义。他说："农历新年除夕，华裔新加坡人都奉行古老的习俗，到一家之主的住所去吃团圆饭。作为一家之主，不论是为人祖父还是为人父亲者，都和儿子、儿媳及孙儿、孙女团圆。学校里并没有教导这种习俗，在有关的礼仪书里也没有规定。尽管这样，这种习俗将世代相传，永垂不朽。"

在新加坡领导人看来，家庭伦理是国家精神的一个组成部分，而不像西方理论那样把它们看成是相互对立的。实际上，这是把国家价值观看成是一种具有一定传统精神的国家价值或"亚洲价值观"。此基础上，新加坡领导人非常重视国家意识的培育和巩固。如1993年6月5日举行了20余万人参加的"全民团结、万众一心"活动，以及当年8月9日国庆检阅典礼的主题是"新加坡，我的祖国，我的家园"，新加坡政府有意识地展开各项计划。目前，新加坡各集选区定期举办新公民宣誓仪式，也举行全国性的公民宣誓仪式，旨在为新公民营造一种强烈的归属感，增强新加坡的向心力和凝聚力。如为了培养国民的忠诚，新加坡政府规定每个男性公民都要服兵役，李光耀也以身作则，先后把自己的两个儿子李显龙、李显扬都送去服兵役。

另外一个重要方面就是新加坡领导人非常重视公务员队伍的建设。尽管新加坡是一个小国，但是它的政府是有口皆碑的，它的政府能够在长期一党执政的情况下，保持一个高效、廉洁的形象，这是非常不容易的。特别是在东南亚这个地区，因为东南亚这块地方在近几十年来是腐败的高发区，但是新加坡一枝独秀、鹤立鸡群，在"透明国际"各国的廉洁程度排行榜上通常排在前五名之内，而且多次排到第一。排在前30名的通常是发达国家或早发现代化国家，发展中国家或后发展国家或地区中，通常只有一两个国家或地区达到这个名次。因此，新加坡做到这一点是很不容易的。

这主要得益于执政者坚定的价值观。人民行动党政府在反腐倡廉方面取得成功的最主要原因是领导人的坚决意志，并且能以铁的手腕贯彻反对腐败的措施。李光耀一直在寻找一种适合新加坡国情的价值观念，为此，他涉猎了大量古今中外大思想家的学说和著作，并进行分析和比较。"我研究过马克思主义、泰勒和摩尔根关于文化的理论，马克思和恩格斯是以深刻的历史感去把握的，并肯定他们树立了崭新的文化观点以及对文化力量的挖掘。"[1] "身为一个具有中华背景的亚洲人，我的价值观是政府必须廉洁有效，取得进步，并且能够在这样一个社会里保护人

[1]张永和：《李光耀传》，第395页，广州：花城出版社，1994。

民,让每一个人都有机会在一个稳定和有秩序的社会里过美好的生活,培育孩子,使他们取得更好的表现。"[1]正因为如此,李光耀关注得更多的是中国儒家的廉政学说,并极力在新加坡对其加以倡导和推崇。

李光耀在刚当上总理后不久,就把包括自己的父母兄弟在内的家人召集在一起,说:"从今以后不应该指望从我这里得到特殊照顾,你们应该像普通百姓一样来对待自己。"李光耀确实做到了这一点。正是自己做到了为政清廉,治理其他官员时就能底气十足、坚决有力。新加坡前国家发展部部长郑章远曾与李光耀并肩为国家独立而奋斗,在历史上有过很大功绩,并与李光耀私交很深。但当他贪污受贿50万新元被贪污调查局查出,面临法律的制裁,向李光耀求情,托人向李光耀"保"他时,李光耀考虑再三,回答说"保了你,我的党就完了,我要我的党",决定不徇私情,坚决依法办事。最后,郑章远面临严厉的审判,承受不住,畏罪自杀。此案一度轰动了新加坡国内外。

与此同时,新加坡政府也采取各种措施保障各级官员的收入,提高他们的薪水和待遇,以俸揽才和以俸养廉,富有人情味。李光耀曾经说:"东南亚一些国家独立后,发展之所以缓慢的一个重要原因是,这些国家贪污腐败猖獗,从政府的高级官员到一般官员,腐化已经成为他们的一种生活方式。"他强调,国家兴旺发达的关键是要有一个高效而廉洁的政府,新加坡的生存

---

①新加坡联合早报编:《李光耀40年政论选》,第391页,北京:现代出版社,1994。

靠政治稳定，靠政府官员们的廉洁和效率。为了保证这一点，政府要"以俸揽才"和"以俸养廉"①，其实这是一个问题的两个方面。新加坡政府为了留住人才，随着经济的增长，对公务员的薪酬进行了较大幅度的提高。李光耀指出："凡是愿意加入我们党的，要使他觉得在党内工作很有意义，生活也过得好。"②同时，李光耀强调："你要当一名公务员，就必须做出一些牺牲，你要想赚钱，就去经商。谁破坏我们党，就要给以惩罚，否则党就要因此毁掉。"因此，新加坡政府的"以俸揽才"和"以俸养廉"不是简单的提高薪酬，以满足个人的私欲，而是倡导"奉献"，倡导"牺牲"，让人感到在政府部门工作是一种荣誉，在此基础上提高官员的收入。李光耀执政后，新加坡政府在短短的30年中从一个贪污舞弊成风的政府转变成了一个廉洁的政府，在国际上赢得了诚实和廉洁的声誉。

新加坡还把国家的共同价值观贯穿到"官德"教育里面。我们知道，任何一个职业都有职业道德的要求，比如在医疗行业，医生要有医德，在教育行业，教师要有师德，那么官员当然也要有"官德"。官员是掌握国家公共权力的，而权力是一种容易造成伤害的强制力，如果掌握权力的人不能够公平地行使权力的话，就会对社会的某些群体或者某一部分造成伤害，再有，掌权者手中的权力也会成为他们获得利益的一个工具。这相当于我们

---

①高旭芳：《新加坡伦理道德建设特色及启示》，载《辽宁工程技术大学学报（社会科学版）》2005年第4期。
②刘国雄：《新加坡的廉政建设》，第24-25页，北京：人民出版社，1994。

有一个蛋糕，切蛋糕的刀子掌握在谁的手里呢？实际上就是掌握在官员的手里，官员拿了切蛋糕的刀子，他可能把这个蛋糕分得很公平，这样，每个人得到自己该得的那一份；但他也可能就分得不那么公平，他把蛋糕多分给一部分人，这部分人可能就得益了，而另一部分人就会少一些。更有甚者，一些官员还可能用手中的刀子把公共的蛋糕多分到自己的盘子里。所以我们说，对官员的这种职业的要求应该是比其他的职业更严格一些的。尤其是高官，他们掌握着国家的权力，这个权力面对的是整个社会，是社会的各个阶层的民众，如果说掌握这个权力的人的道德出现问题，不能够公正公平地去行使这个权力的话，那么这个社会或者说国家就可能都面临着不公平的问题。所以我们说，"官德"这种职业要求在很多国家都比较严格，虽然说道德或者官德的层面还没有上升到法律，但是对它的要求实际上是比法律更高的。

"官德"是为官者的立身之本，是自律也是他律，因为道德是一种行为规范，一种属于自律范畴里的规范，不具有强制性。但是对官员来说，因为你掌握公共权力，你是公众人物，你是要利用这个权力为社会、民众服务的，所以对你的职业要求就要高，因而它也是一种他律。这样，官德既是一种内在的规范，也是一种外在的规范。也就是说，一个官员如果说你的德行不好的话，那不仅仅是你一个人的问题，同时也会影响社会或民众对你的评判；如果一个官员不好的话，他所造成的影响也不仅仅是他一个人声誉怎么样，而可能涉及政府的公信力，涉及一个执政党的声誉。所以，对他的要求要比普通人更高一些。

新加坡把"官德"教育与共同价值观的灌输与传承结合了起来，才使官德教育没有脱离社会和政治生活的现实。实际上，官员是社会的精英，其道德观念、道德境界也在引领社会，也是社会道德价值的传承。新加坡的"官德"不仅继承了儒家的文化传统，同时也吸收了现代文明的一些理念，吸收了现代政治文明发展的理念，比如说民主的观念与法治精神。新加坡虽然长期一党执政，但它是一个多党存在的国家，也有普选，它实行的是一种可控式的民主，这种民主接受监督的观念也是这个政府能够保持勤政、廉政的非常好的动力。因为有选举制度，多党存在的环境使得执政党面临着其他政党和选民的竞争与监督的压力。

在这一点上，人民行动党具有长远的眼光。人民行动党很早就认识到，它不能等到在选举丢掉了多少个席位，或者说选举有可能影响到执政地位了，才有危机感，才开始着急。情况不是这样的，每一次选举过后，如果说这次选举比上一次选举又低了几个百分点的话，人民行动党的政府就会检讨，就会去深刻地反思：自己的官员在执政的过程中，有什么地方做得不够好，为什么选民对我们的信任又打折扣了？它会去反思，会去寻找解决的办法，主动地去改善，而不是高高在上，运用高压手段去压制不满的意见。所以我们说，这种民主的观念实际上也是"官德"的一个部分。

我孙女叫修齐

在新加坡，华人的许多传统节日已不受国人重视。例如，原本是弘扬孝道的清明节，现在却因为人们怕堵车麻烦，能免则免。原本是强调家庭价值观的春节团圆饭，现在却因为省事，有的在酒楼吃便饭，功能化地"解决"了；有的则趁长假出国旅行。新加坡政府认为，人们应该过好传统节日，因为这是不断累积共同价值观的重要载体。有人说传统节日已不适合现代社会，但有人则指出，它们犹如一间不断扩充的图书馆，里面的书籍收藏虽是死的东西，但它需要人们去翻阅、更新、补充、激活，使它们与时俱进。如果我们只注重创新，而不温故知新、珍惜过去，那就有如抛弃累积的珍贵教材，只去追求时尚杂志，虽然应时，有高娱乐性，但是内涵不充实。

在新加坡，传统节日的庆典一般是民间组织自力筹款和组织、政府机构采取被动姿态给予适度支持的。但是由于国人对传统文化节日的支持力度有限，内容不够丰富，加上民间资源有限，造成了许多节日的流失。幸存的是一些还有商业价值的节日，如中秋节，主要是商家可以促进销售，因而它多以商业营销模式重现，注重的是形式，搞花样噱头，但价值核心却没有适度引申。因此，花哨的活动如比赛最大月饼、最长薄饼、最早捞鱼生、最久烟花表演等等层出不穷，但重量不重质。端午节也是如此，以卖粽子、赛龙舟为主。对于多数人来说，只知道这些节日的这些商业形式，而并不知道它们的真正意义。我们知道，一个种族的形成，根本取决于全体人民的文化认同感和归属感的培养。有了这两点，一个族群才有凝聚力，就像美国人一样，能在多种族的社会之上建立起共同的国家。

内阁资政李光耀曾在自己的《新加坡赖以生存的硬道理》一书的发布会上说，新加坡虽已独立建国几十年，但是至今仍未形成一个真正的国家。这是因为新加坡人还没能做到全民（不分种族、宗教）在必要时都愿意为彼此做出牺牲。换句话说，"国家兴亡，匹夫有责"，对务实的新加坡人来说，仍是一个有待形成的理想概念。当我们专注创造财富的同时，如果没有让文化认同和情感归属有机成长，没有积极培育我们的共同价值观并让文化沉淀，那真正新加坡的形成会如李资政所预测的，将是一段很漫长的路。①

在不同的发展时期，新加坡政府都高扬种族精神和国家意识的主旋律，并长期坚持。②人民行动党政府自建国以来一直十分注重对国民的国家意识和国民精神的培养，使民众产生对国家的认同感，使国民在心理上认同自己是个"新加坡人"。③几经探索后，新加坡才确定以"共同价值观"为主要内容，而不是以某个种族的传统价值或西方文化观念来进行道德德育。④李光耀

---

①《联合早报》（新加坡），2011年3月8日。
②刘宏伟、孙艳艳：《新加坡德育经验对我国的启示》，载《教育科学》2001年第1期。
③吴玉军、吴玉玲：《新加坡青少年国家认同教育及其启示》，载《外国中小学教育》2008年第7期。
④姚山泉、李天凤：《20世纪90年代以来我国关于新加坡道德教育研究述评》，载《学园》2012年第5期。

十分赞赏儒家"修身、齐家、治国、平天下"的思想，他说："'修身'是检点言行，提高自身修养，成为有用之才；'齐家'是使家庭秩序井然；'治国'是管理好国家；'平天下'是使普天之下，万事太平。我们全体人民都应抱有这种信念。我孙女叫修齐，我的儿子是从上述格言中取了两个字，希望他女儿能克己奉家。这是我们这个文明的基本观念。"李光耀1994年在北京举行的孔子诞辰2545周年的纪念大会上说："治理新加坡的经验，特别是1959年到1969年那段艰辛的日子，使我深深地相信，要不是新加坡大部分的人民都受过儒家价值观的熏陶，我们是无法克服那些困难和挫折的。"①

人民行动党及其政府正是通过积极推动"八德"教育等方式，通过一系列文化政策的实施，来使新加坡社会走出道德"危机"的阴影的。

在培养国民"忠"的方面，新加坡政府采取了一系列的措施。例如，为了培养一种根深蒂固的对国家的神圣感和自豪感，新加坡政府规定，从小学入学开始，每天都要举行升国旗仪式，直到中学。还有国民服役制度，规定凡年满十八岁的男青年在高中毕业后都要服兵役一至两年，退役以后进入预备期，每年仍需回到军营两周，接受军事训练。经过训练的青年人，自然就多了一份忠诚和服从的意识。在日常的训练中，军人要接受军事训练

---

① 李光耀：《国际儒联名誉理事长、新加坡内阁资政李光耀先生致辞》，中华孔子基金会，《儒学与二十一世纪——纪念孔子诞辰2545周年暨国际儒学讨论会会议论文集》，北京：华夏出版社，1995年，第7页。

和爱国思想的教育，培养誓死保卫祖国的精神。实践证明，经过训练的青年人在不同程度上增强了国家意识和纪律观念，有着较强的为国家安全而献身的神圣感。涉及面如此广泛的军事训练和国家意识的教育，不仅使青年人得到了锻炼，同时也培育了他们的忠诚意识。此外，新加坡政府还大力提倡唱爱国歌曲，利用歌曲向人民灌输爱国主义思想，李光耀甚至亲自指挥，带领他的阁僚们登台大唱爱国歌曲，振奋国民爱国热情。

在培养国民"孝"的方面，20世纪80年代以来，新加坡政府为了确保传统的家庭结构不被分裂，采取了一系列措施，主要是不鼓励养老院的发展，不对单身生活进行补贴，把钱用于补贴尊老携幼、生活和谐的家庭。政府还明确提出，要求必须至少有一个子女与已经丧偶的父亲或母亲同住，以便侍奉老人，化解老人的寂寞和痛苦。同时，每年都在旧历新年开展敬老运动，政府要员和国会议员都要去自己的选区慰问老人，形成一种尊重老人、关怀老人的社会风尚。再比如，新加坡的医疗保健制度，其范围已经扩大到直系亲属，包括丈夫、妻子和子女，但不包括父母双亲，也就是说，如果妻子生病了，丈夫可以送她去医院，由国家来负担医疗费用。然而，如果是丈夫的父亲病了，医疗费的每一分都要由儿子来承担。

在培养国民"仁爱"的方面，非常注重教育的滋养，如在20世纪80年代，新加坡的中学教科书中有这么一段内容："人们在工作中大发牢骚是很平常的事情。经理们抱怨手下的工人是如何如何的无用、忘恩负义，而另一方面，工人们则抱怨经理和管理人员是多么的不公和霸道。这种心态导致了强烈的敌视和摩擦。儒家学说告诫这两种人都要显出同情心，不要对别人施加自己所不愿意受到的待遇（"己所不欲，勿施于人"）。因此经理们对待工人就要像自己希望上司对待自己那样，工人对待经理就要像自己希望年轻人对待自己那样。如果工人和经理都忠实而真诚地这样做，互爱和信任就会建立起来。"这种教育对于经济高速发展的新加坡来说，非常及时和必要，它有助于缓解劳资纠纷，促进社会稳定。

在培养国民讲"礼义"方面，新加坡政府积极解释，首先是领导人要言而有信，政府要言而有信，对人民的承诺一定要说到做到，人民也要信任领导人和政府，相信他们的领袖确实有献身精神，焕发出极大的建设积极性；其次是每个人之间都要以诚相待，守信用，不尔虞我诈。新加坡建立礼义社会最富有特色的举措就是开展文明礼貌运动。1979年7月1日，李光耀亲自主持开展了为期两个月的文明礼貌运动，不仅开动各种传媒宣传礼仪，而且采取各种措施约束规范人们的行动，此后还规定每年6月为文明礼貌月，定期开展礼貌运动。

在培养国民讲"廉耻"方面，新加坡政府非常强调廉政建设。面对20世纪五六十年代的贪污腐化，人民行动党在成立之初就喊出了"打倒贪污"的口号，并把党旗基本色调定位白色，以示清廉。人民行动党执政后，李光耀十分强调公务员必须两手干净。他在公务员培训班说："如果我们允许你们把手放进别人放钱的口袋里，那么，在政治上我们就完了，我们会被人民大众所唾弃。"面对现代化进程中文化的急剧变迁和道德的断裂,人们很容易出现丧失羞耻心的现象。为此,新加坡政府开展了广泛的道德教育,培育明是非、知羞耻的观念,使全体人民尤其是青少年分清羞耻与荣辱,去除邪气,弘扬正气。李光耀指出,在许多亚非拉国家,领袖和官员不知羞耻,把当官看成是自己发财致富和飞黄腾达的捷径,从而使整个社会丧失羞耻心。

从新加坡政府以上各方面的作为来看,李光耀当政时期对儒家"八德"进行改造和弘扬,并把它灌输到政治和生活之中,成为影响新加坡政治和社会生活重要的文化因素。

国庆晚宴上的吁请

2014年8月16日晚间,在马林百列选区千人国庆晚宴上,荣誉国务资政吴作栋以华语和英语发表讲话,阐述他的富国裕民之道,提醒国民我国已经出现人民和政府关系疏离的现象,这令人担忧。他坦言"政府与人民的关系正在疏远",他的言论引起不少人的关注。他分析国人与政府之间的"新常态"关系,指出新加坡的发展正处在关键的十字路口,人民与政府的关系恐在疏离中,而这种不和睦的"家庭关系",最终可能令国家付出沉痛代价。他提醒,新加坡社会如同一个大家庭,政府扮演犹如家长的角色,必须满足人民的高要求,但人民也须在前人打下的基础上再接再厉,并以同样的高标准来要求自己,才能让这个大家庭齐心协力且具包容互信地继续在国际舞台上取得成功。[①]他从政府和民众两个方面来阐述它们之间的关系，或者说，他认为民众不能像某些国家那样，只一味地要求政府满足自己的要求，而是还要体谅政府，要自己努力。政府当然要尽自己的全力来为民众服务，但这不是一些民众提出过高要求的理由。

吴作栋指出，政府在培养呵护国人、向他们灌输价值观、提供法制社会和圆梦机会方面，扮演着宛如家长的角色。但政府和家长毕竟有别，吴作栋说，人民对政府的要求比对自己的父母更多，更难接受政府面对的局限，也甚少感谢政府的好政策，对政府细微的瑕疵也更苛责。他说："这种人民和政府之间的关系状态，就是所谓新常态的一部分。但如果这种新常态导致新加坡大家庭出现分裂、分歧和隔阂，那么建国一代费尽苦心、努力打拼数十年的硕果就会化为乌有。"

吴作栋的观察没有错，人们正在朝着不同的方向来表达各自的观点和捍卫本身的权益。正如吴作栋所说，新加坡人过去也拥有不同的主张意见，但会通过讨论和磋商达致共识，从而落实对国家最有益的政策。"不过现在每个群体在推进自己的观点和利益时，比以前更咄咄逼人，各方都是寸步不让，得寸进尺。国人的共同空间不是在变大，而是在缩小。"他提出"一个关系疏离的家庭是一个可悲的家庭，国家亦是如此"，政治僵局和领导人真空是世界各地许多国家面对的新常态，并使许多国家陷入一个

---

① 《联合早报》（新加坡），2014年8月17日。

又一个危机，"如果这也发生在新加坡，那将令人遗憾"。

新加坡国民教育水平的大幅度提高，个人的眼界、知识和利益日趋多元化，使得未来几年的新加坡势必面对更多的内外挑战。既然看到人民和政府关系出现松动的迹象，那么如何使人民和政府各尽本分再次"凝聚"起来，就是新加坡政府领导人治理国家面临的最大挑战。在这种情况下，领导人必须和人民"开辟新路"，在价值分歧和意见分歧下，在拥有各自不同的主张和意见时，通过诚恳讨论和磋商达致最终共识，从而落实对国家和人民最有好处的政策。新加坡社会形态已经有很大的转变，特别是互联网的发展迅速和普及化，改变了信息传播的方式。这种新型媒介迅速而广泛地渗透到经济、政治、文化、社会生活各个层面，改变了人们的交往和思维方式。人们在网络上截取大量的信息，也在网络上进行是是非非、虚虚实实的信息交流。这种交流既增加了人们的参与度和信息传播，也造成了人民和政府之间的疏离感，而且这种疏离感有越来越扩大的迹象。

在过去，整个社会规范可以根据国家的法规和政策而形成，但随着社会的多元化，现在大家的意见越来越多元，政策反而要更多考虑社群规范，决策者在决策时容易左顾右盼，犹豫不决，过程中疑虑多多，无法勇往直前。具体来说，就是要面对人们的不同要求，例如对性、家庭、道德、生活方式、教育、宗教甚至政治的更自由、更多元化的观点和看法，要想制定有效的政策、采取有效的措施，变得更加困难了。

当一个社会中出现价值分歧、意见分歧时，原有的传统的社会规范可能敌不过现行的新的社群要求，而这可能只是因为少数人提出了截然不同的意见和看法，但来势汹汹，令原有的规范和领导者措手不及，难以应付。当然，这种诉求一定会让一些人从另一个角度来看待它，使得他们在心底起了共鸣，从而不公开地倾向支持这些与原有的规范或政府所主张的规范不同的规范。这样，在人民与政府的这种"新常态"的关系中，可能会失去原有的可以将人们团结在一起的共同的责任感、共同的理念，甚至在相当一段时间内都没有办法找到或形成新的可以为多数人都认可的规范，以促成社会整体的共同目标和共同的价值规范，也就难以为人民提供共同的福祉。

人民行动党的领袖们认识到，新加坡的年轻一代比上一代更勇于表达意见和看法，他们对决策者所制定的社会价值、法律条文和具有争议性的课题发出挑战。执政者如果不对这些争议性的课题和事件进行梳理，将这些问题掩盖起来，不去面对并彻底解决，社群的意见就无法真实地在社会规范中反映出来。今天新加坡社会中的价值分歧、意见分歧的现象越来越显著，年长者发现，当今社会中的年轻人对一些事件的理解，和他们向来所知道和所相信的观点有很大的不同。这一方面是因为年轻人对新事物有自己的理解，但另一方面往往也是因为年轻一辈没有具备成熟表达意见和看法的知识和能力。由此，非常令人担心的是，新加坡社会可能正逐步走向两级化甚至多极化社会的分裂。

吴作栋指出，新加坡社会这个大家庭在未来几年势必面对许多内外挑战，包括亚洲紧张局势升温、中东局势继续不稳、宗教极端主义的威胁、中国崛起与日本和美国的裂痕所引发的周边环境的紧张、新加坡经济增长放缓以及必然的经济改革等。面对这些挑战，他强调："新加坡无须被绊倒，而新加坡也绝不能被绊倒。"这就提出了一个重要的课题：人民应该选择什么样的政府？

吴作栋相信民众能够做出正确的选择。他认为，民众所要求的是新型的"家长型"政府，因为人们所要的政府，是努力改善民众的生活、能关怀体恤人民、愿意倾听民声、会向民众解释政策，并能包容不同意见的政府。同时，政府也应该坚定不移，不是从少数人的利益或多数人的民粹主义的利益出发，而是从大家庭的利益、长远利益出发，落实正确的政策，并通过一个推崇包容、公平和繁荣的强大愿景，把民众凝聚在一起。他说："相信我们能通过这些考验，只要这个家庭凝聚在一起，我坚信新加坡能继续在世界中取得成功。"

吴作栋在阐述人民行动党的富国裕民之道时指出，一个国家的富强不是自然而然形成的，而是由人为因素促成的，一个国家要取得成功，必须拥有四个方面的"好"，即政府与人民之间的关系要好，领导人的素质要好，国家的体制和治国理政的政策要好，以及要有一个不同族群之间的好的关系。政府若只是把国家治理好，还不能确保人民之间保持长久的良好关系，人们本身也需要主动互相接触、打破隔阂、找出共同点，才能和睦共处。吴作栋说："我吁请大家珍惜这些得来不易的成果，并继续努力，向前迈进，更上一层楼。"

李显龙总理在对共同价值观做了新的理解后，也强调了它的重要性，他说，我国政府和公共服务紧密协作的"独特"模式之所以奏效，关键在于政治领导人和高级公务员秉持"相同的基本价值和目标"，包括唯才是用，清廉、多元种族、具包容性发展和经济增长，这有助于将政治领袖和公务员的思维引领和推往同个方向。他强调，公共服务在贯彻政府的执政理念时务必保持公正；公务员既不能公开支持或打击任何政党，也不得滥用国家资源或权利为政党政治谋利。公务员在处理可能引起政治争议的事件时也须保持大公无私。[①]

第二节
国民响应：积极参与践行

一起宣读信约

2009年8月9日是新加坡44岁生日，当年的国庆庆典节目颇具创意，其中有一项是在国庆日当晚8时22分，全国各角落拉响警

---

① 《联合早报网》：《李总理：要有效推行政策　公务员与政治领袖须持共同理念》，黄顺杰报道，参见http://www.zaobao.com/news/singapore/story20160427-609929。

报，呼吁新加坡人一起宣读信约。有些人不以为意，他们认为，学生们不是在每个上课日都念信约吗，为什么还要在国庆日号召全民念信约？但仔细思考，在国际局势纷纷扰扰的当下，呼吁全民宣读信约，确实有其非凡的意义。

由建国元勋拉惹勒南在1966年草拟的信约，一直是新加坡的国民身份认同和国家精神的象征。展读信约，不能不感佩开国者的先见之明。信约的中译文言简意赅，只有51个字："我们是新加坡公民，誓愿不分种族、语言、宗教，团结一致，建设公正平等的民主社会，并为实现国家之幸福、繁荣与进步，共同努力。"

信约概括新加坡建国过程中务须注意的三大块：一是作为新加坡公民，必须认真了解新加坡社会的多元种族、语言、宗教的特质，绝对不能有所偏颇，这是构建共同价值观的根本因素；二是建设公正平等的民主社会，在这个社会里，不管贫富贵贱，都应获得公正对待，地位是平等的；三是国家的愿景是幸福、繁荣与进步，为了实现这个愿景，全民必须共同努力。

信约不是纸上谈兵，也不是口号，更不是意识形态，而是国家与人民的约定。一份印在全国小学生作业簿上的新加坡信约、一份印在全国中学生作业簿上的我们的共同价值观，即是国家在塑造国民与国家共同意识的基本信念与国家工程。无论是新加坡还是其他任何国家，在这样的信念中所注重、坚持与塑造的，都是国民与国家的共同利益。这一点无论古往今来、东西南北的国家，都毫无例外，它也是任何国家最重要与最基本的民主与政治的形式与核心内容。①

对于新加坡而言，种族、语言和宗教问题犹如人体中的血脉与神经系统，丝毫不能掉以轻心。因此，在它的宪法和国策上都有明文规定，绝对不容许失之毫厘。经过多年的施政与教育，新加坡公民的国家归属感和凝聚力，在很大程度上比建国初期已增强许多。如今，新加坡人无论到哪里去都可信心满满甚至自豪地说："我是新加坡人。"②只有了解新加坡过去几十年历史的人，才能真正理解这一归属感是多么来之不易。

建国元勋拉惹勒南在李光耀60寿辰时对他发出这样的赞叹："他的最大成就不是使新加坡成为独立国家，而是成功地改造了新加坡人的思想和性格"，"数年前还是无根的殖民地奴隶，在李光耀的领导下，在短暂的时间内就成为绝不退缩的新加坡人"。③在整个20世纪90年代，倡导"共同价值观"成为新加坡最重要的精神活动，整个国家都在致力于使其成为最核心的国家意识，它的实施"有助于产生新加坡种族的一体化和认同感"④。

自共同价值观提出以来，它就得到了新加坡政府的身体力行和大力推进。政府将其作为全社会的价值选择标准，以此来弱化

---

①《联合早报》（新加坡），2006年6月5日。

②《联合早报》（新加坡），2009年7月25日。

③黄建华：《从"无根的殖民奴隶"到"绝不退缩的新加坡人"——多元文化政策在新加坡》，载《民族团结》1999年第11期。

④Peter S. J. Chen, Singapore: Development Policies and Trends, Oxford University Press, 1983, p.16.

各种族在自己的社会价值、文化信念和行为方式上与该理念相悖的方面，构建起全国统一的价值取向和国家认同。

种族和谐日

我们看到，东南亚在相当长的一个时期中，一些国家时常发生种族和宗教骚乱，人民生活在动荡不安中。但是，新加坡建国50年来，没有发生过类似的种族与宗教的骚乱。[①]李显龙总理曾经说，新加坡所享有的种族和谐，是世界上的一个小奇迹，他吁请国人要珍惜、维护和巩固它，不能把它视为理所当然。[②]李光耀资政明确地告诉国人："新加坡目前仍处于过渡性的阶段，要真正成为一个自然和谐群体的国家或许还要50年甚至100年的时间。"[③]

在新加坡建国初期，李光耀就强调："在新加坡，我们将是一个多元种族国家。这个国家不是一个马来人的国家，不是一个华人的国家，不是一个印度人的国家"，"我们必须尽力建立一个基于平等原则的、模范的、多元种族的社会"。围绕这一目标，新加坡的种族政策确立了两个基本点：一是实行各族群的平等，不给任何族群以特殊地位和权利，强调公平竞争；二是承认

①《联合早报》（新加坡），2009年7月25日。
②《联合早报》（新加坡），2009年7月19日。
③《联合早报》（新加坡），2009年7月19日。

族群差别，尊重族群特性，保留族群文化，让各族群按照自己的愿望和习俗去选择自己的生活。为此，新加坡通过《多元种族社会议案》，倡导建立一个多元种族、多元文化和多元宗教的社会，保证各族群在政治上和经济上的一律平等；承认族群差异，着力提高发展滞后的族群的文化素质，增强其竞争能力，但尊重各族群的种族特性和文化，实现完全意义上的平等。该议案还规定，政府有责任"照顾新加坡少数种族和宗教的利益"，并设有"总统咨询委员会"，专门处理马来人及其信仰的伊斯兰教事务。实行集选区制度，确保少数族群在国会中的代表权。公务员录用上也强调平衡原则，规定国会和政府中少数族群的公务人员必须占一定的比重。

国会中设立的"少数种族权利总统理事会"，负责审查并向总统报告那些有可能影响种族或宗教利益的事项，以及它认为含有种族或宗教歧视内容的国会立法及附属立法，在立法和选举上充分保障少数族群的权益。新加坡宪法规定："政府应承认新加坡本土人民马来人的特殊地位，政府应以这种态度行使职能，因而保护、保障、支持、照顾、促进马来人在政治、教育、宗教、经济、社会和文化方面的利益和马来语言，这是政府的职责。"①法案经过国会通过后，必须经过总统下属的"少数族群团体权益委员会"审查，确认该法案没有族群歧视和宗教歧视的内容，方可提交总统批准。在制定政策时，新加坡政府注意照顾

①见《新加坡共和国宪法》，第八十九条，第二款，载韩大元主编：《外国宪法》，北京：人民大学出版社，2000。

全体新加坡人的利益而不是华人的利益，甚至特意出台一系列照顾少数族群利益的政策。①新加坡保证在国家政权里有各族的代表人物和与各族人口大致相应的公务人员比率。1977年，华人占全体公务员的67.12%，低于华人人口比率近10个百分点，而其他族群占公务员人数的比率都高于其占总人口的比率，马来人占19.18%，印度人占9.18%，其他族群占3.12%②。

20世纪80年代以后，新加坡政府更注意对马来人和印度人政治利益的照顾。在接受培养的党和政府的接班人中，马来人和印度人都占相当的比率。在政府12位正部级官员中，一般都有3至4人是马来人和印度人。少数族群还当选过总统、人民行动党副主席和国会副议长等职位。新加坡政府虽然推崇人才立国和精英政治，但为了保护少数族群利益，不惜在人才选拔上降低对少数族群的要求，有时甚至不得不舍弃华人的一些优秀人才。还比如，1988年，新加坡政府通过立法，推行集选区制度，以保证议员中有一定数量的少数族群人选，这对于少数族群候选人的当选发挥了重要作用，提高了少数族群参政议政的积极性。之后，新加坡把全国划分为单选区和集选区两种选区。在单选区，一对一的竞争很可能使少数种族候选人处于劣势，其当选的几率会大大减少，这种制度显然有利于大党和主体族群。但在集选区，每个集选区同时选出3–5名议员，其中至少有一名马来人、印度人或其

---

① 新加坡联合早报编：《李光耀40年政论选》，第525页，北京：现代出版社，1996。
② 孙景峰：《新加坡人民行动党执政形态研究》，第225—226页，北京：人民出版社，2005。

他少数族群，以此来保证少数族群始终有代表进入议会。随着集选区数量的增加，少数族群议员的人数也在相应增加。1988年大选后组成的国会，还特意推选一名马来人担任副议长，在内阁中有马来人和印度人的政治代表，更是新加坡独立以来一条不成文的规定。[1]

为了扩大国民教育的规模，增强各种族的参与感与互动性，1997年5月17日，时任副总理李显龙宣布将7月21日定为新加坡的种族和谐日。7月21日是个非常特殊的日子，1964年的种族冲突就是这一天爆发的，新加坡政府不掩饰种族冲突的历史真相，反而把一个导致新加坡被分裂出去的冲突事件的发生日作为全国性的纪念日，让大家牢记历史教训，从而珍惜今日来之不易的种族和谐，可谓寓意深刻。

种族和谐日刚被提出的几年里，其活动仅限于一些学校。学校的庆祝活动是新加坡种族和谐日活动的主体。学校会提前制订种族和谐日庆祝计划，并通知老师、学生和家长。每个学校设计的活动各具特色、丰富多彩，但都强调种族性、参与性和互动性。比较常见的学校庆祝活动之一是，鼓励学生穿自己种族的传统服装。例如，华族女生一般穿旗袍，马来族女生一般穿马来裙装，印度族女生则一般穿纱丽。连各族老师也会穿上色彩鲜艳的种族服装，学校往往变成一个色彩斑斓的种族时装展览。学校也鼓励学生穿其他种族的传统服装。有的学校还

---

[1]庄国土：《二战以后东南亚华族社会地位的变化》，载《东南学术》2003年第2期。

会进行马来族纱笼和印度族纱丽穿着演示，或由马来学生教同学穿纱笼，印度族学生教同学们如何把长长的纱丽缠成美丽的衣服。[①]

2000年，新加坡的多个社区发展委员会联名发起参加种族和谐日的庆祝活动，自此，新加坡种族关系国民教育的参与者就从学校扩展到了社会。每到种族和谐日，学校之外的民众都参加由新加坡政府举办的各种相关活动，以促进各族群之间的相互了解。比如马来人教华人如何做各种糕点，马来武术"希拉"和中华传统武术的对练表演，还有印度人和马来人的华乐演奏等等。通过以上活动的交流，各种族成员大大加深了彼此之间的情感，各种族的特色文化也得到了传递和交融，他们自觉维护种族团结、热爱新加坡、效忠新加坡的国家意识变得更加强烈。

为了维护来之不易的多元族群和谐社会，新加坡颁布了各种法律法规，对挑起族群纠纷的狭隘种族主义分子施以重压，甚至对持有族群沙文主义思想的人都严加防范，严厉打击破坏族群和谐的行为。"持有族群沙文主义思想的人在我国虽然只占少部分，但如果不加以抑制，让这种思想继续滋长，过了5到10年，它可能成为大多数人的思想，因为人民对族群和语言的感情是不容易抑制的，感情用事一定会带来灾难。"[②]为避免族群宗教

---

①陈巧燕：《种族和谐日：新加坡种族和谐教育的重要形式》，载《中国种族教育》2009年第12期。
②郭俊麟：《新加坡的政治领域与政治领导》，第38页，台北：生智文化事业有限公司，1998。

冲突和流血事件的发生，新加坡政府严格限制结社、言论自由，严格规定宗教活动的范围，对言论和新闻也实行了严格的管制。无论谁试图挑起族群或宗教的仇恨和偏见，哪怕看起来是一件小事，政府都会采取坚决的行动。正是在这种强力的政策和法规保护下，一盘散沙似的移民社会被改造为具有强烈认同感的国族国家，为社会的稳定发展奠定了基础。

新加坡政府还非常重视为各族群提供均等的参与经济建设和享受经济成果的机会。在一个多元族群的国家中，各族群只有从国家的经济发展中获得利益，才能达到对国家的认同，才能将本族群的命运与国家的前途融为一体，从而树立起族群关系和谐意识。[1]新加坡政府每次制定经济发展目标时，都对如何提高人民生活水平做出了详细的规划。李光耀多次强调："我们要使每个人都在不断增长的经济中享有一份。"在各个种族发展不平衡，并且有自己的劳动传统的环境中，做到这一点并不容易。

1991年3月，吴作栋总理提出，今后20年新加坡经济发展目标的重要内容之一就是要提高社会福利、改善人民生活。具体包括：（1）提高教育水平，使大多数人都能够享受到更高更好的教育机会；（2）拨出专款改造组屋，使之成为环境优美、适于居住的新型住宅区；（3）进一步完善医疗保障体系和医疗保健设施，使人民能享受并有能力负担高质量的医疗服务；（4）加

---

[1]韦红：《新加坡解决民族问题的有效途径——多元一体化》，载《中南民族学院学报（哲学社会科学版）》1999年第1期。

强和完善文化、艺术、体育和娱乐设施，满足人民不断增长的物质文化需求。①

新加坡政府认为，各族群是国家经济的建设者，而不是旁观者。"不管我们属于什么族群，信仰什么宗教，我们之所以有权取得我们的东西，是由于我们参加了生产，而不是由于我们的族群和宗教。发展经济、提高劳动生产率、增加报酬，凡此种种只有在正正当当的竞争和公平合理的分配使每个人都觉得为集体的存在、为集体的繁荣贡献自己一份力量是值得的时候才有意义。"②通过共同参与经济建设，使各族群获得较好的生活条件，自然而然地就会形成良好的族群关系与和谐意识，即任何一个族群的繁荣和幸福都不能离开其他族群而单独存在。

为了保留和弘扬不同族群的传统文化，新加坡十分注重族群文化建设。如建设了以马来文化为特色的"亚拉街"，在这里出售各种具有马来风味的篮子、礼拜用的毯子、马来珠宝、香精和各种有趣的马来亚物品。有"小印度"之称的实龙岗路，可以感受到浓烈的印度气息，有沙丽、香料、花环、受过训练的会衔出占卜卡给人算命的小鸟以及各式各样的印度食品。

族群因素、地理位置和自然资源因素结合在一起，决定了促进新加坡生存和发展的多元族群和谐政策必须具有开放性、超越性和融合性。多元族群、多元宗教和多元文化的历史和现实表明，新加坡的族群政策既不能套用西方模式，也不能完全沿袭东

---

① 韦红：《东南亚五国民族问题研究》，第154—155页，北京：民族出版社，2003。
② [英]亚历克斯·乔西：《李光耀》，第368—464页，上海：上海人民出版社，1976。

方文化传统。新加坡族群政策的内涵可以概括为:政府在承认国家是多元族群、多元宗教和多元文化的社会的基础上,平等对待国内各族群,提倡各族群相互帮扶,促进各种族文化相互交流、相互补充、相互容纳,最终形成一种既包容国内各族群文化,又为各族群所认同的国家的国民文化。[①]

多元、平等与和谐的族群政策的特点是承认种族文化的差异性,倡导族群文化的相容性,并在此基础上建立一种统一的国民文化。经过长期努力,各族群之间的相互宽容、尊重、团结和融合已成为风尚,新加坡实现族群和谐与社会公平正义的种种努力取得了明显的成效。目前,新加坡族群和谐,国民意识强烈,社会稳定有序。

新加坡实行多元、平等与和谐的族群政策的成功经验表明,第一,通过加强民主和法治,为每个社会成员提供平等的权利,消除了过去人们出生伊始就被依照族群进行的等差划分,做到了起点的公平,并为实现公平正义提供了保障。第二,通过国家干预,为每个社会成员提供了平等的机会,做到人尽其才,达到机会公平。在国内存在错综复杂的族群关系的情况下,国家固然要把推动经济发展这一从根本上促进族群和谐的举措放在头等重要的位置,同时在发展经济的过程中,也应该对族群关系问题予以高度重视。尤其是对在经济、社会和政治等方面对处于弱势地位的少数种族予以优惠和鼓励。第三,通过各种途径逐渐打破不同

[①]毕世鸿:《多元、平等与和谐:新加坡族群政策评析》,载《东南亚南亚研究》2009年第1期。

族群之间在居住、通婚和信仰等方面的隔阂，这对促进族群融合具有十分明显的效果。

新加坡政府还注重感谢和表彰各族群为国家做出的贡献。例如，为了配合新加坡2015年独立50周年，马来伊斯兰教社群成立了SG50协调委员会，准备为"新加坡国立大学——尤索夫伊萨社会科学教授基金"筹募总额600万元，同时领导本地马来伊斯兰教社群主办"服务国家周"，并以捐款、献血、当义工等方式回馈国家和社会。在2014年的国庆群众大会上，李显龙总理就特别感谢马来族的建国一代，尤其是新加坡首位总统尤索夫·伊萨，并宣布东南亚研究所和兀兰一所新的清真寺将以他命名。李总理表示，新加坡1965年独立时因为马来族建国一代选择留下，才造就今日拥有独特多元种族和宗教的新加坡社会。他感谢马来族建国一代对新加坡有信心，和其他社群携手把国家导向发展的正轨，而第一任总统尤索夫·伊萨（Yusof Ishak）就是马来族建国一代中的一位杰出人士。

种群互信圈

2001年9月11日，美国发生了震惊世界的恐怖袭击，这便是众所周知的"9·11"事件。事后，美国发动阿富汗战争，遭到包括新加坡在内的东南亚各国的众多穆斯林的强烈反对。对穆斯林来说，族群与宗教认同是完全不能分开的，"9·11"事件几乎引起一场宗教战争。此后，新加坡政府在本地也发现了恐怖组织——"伊斯兰祈祷团"。这个团体是由穆斯林中的激进分子组织的，其势力范围覆盖很广，甚至蔓延到了东南亚各地。"9·11"事件后，该组织针对在新加坡的美国人和驻新的美国机构，策划了多起恐怖袭击事件，对新加坡的稳定造成了严重威胁。为了维护国家安全，新加坡内部安全局在2001年12月9日至24日展开搜捕行动，逮捕了15名企图在新加坡从事恐怖活动的嫌疑犯。而这15人中有14人是新加坡人，其中13人是"伊斯兰祈祷团"的成员。2002年8月16日，新加坡内部安全局针对国内猖獗的恐怖主义活动，又逮捕了21名恐怖主义分子，他们全为新加坡人，其中19名是"伊斯兰祈祷团"成员。在两批被捕的成员中，马来人占了绝大部分，也有少数印度人，却没有一个是华人。

"9·11"事件和大逮捕行动对新加坡的马来人群体和族群关系而言，像是两颗重磅炸弹，引起了极大的震荡。"9·11"事件后，奥萨马（即本·拉登）的信息仍然会引许多穆斯林，包括温和派穆斯林的共鸣。这是根深蒂固的历史因素和穆斯林的深厚情谊所致。所以，我们可以理解为何新加坡的穆斯林对阿富汗平民所面临的人道灾难那么感同身受。

而新加坡政府逮捕"伊斯兰祈祷团"成员事件使人对伊斯兰教和穆斯林（绝大部分为马来人）起了疑心，"遭逮捕的祈祷团成员都是穆斯林，难免使得一些国人对穆斯林社群产生误解。"①大家用异样的眼光看待穆斯林，怀疑他们是恐怖分子，穆斯林本身也觉得自己遭到了歧视，种族关系顿时紧张起来。此后一段时期内，有些华人公司已在避免聘用马来人。一位华族妇女反映，在内安局逮捕事件后，她已不敢同马来族同胞共乘电梯。而一名马来族管理人员证实，他的同族朋友最近看到警察设路障时，只叫马来族驾车者停下，而其他种族的驾车者却可以通过路障。这名马来人认为警方已加强了对马来族群的监察。不久，新加坡又发生了戴头巾事件：四位马来女生的家长坚持他们刚进入小学读一年级的女儿一定要戴头巾上学，学校不允许，学生家长便说学校侵犯了穆斯林的信仰自由，并聘请马来西亚籍的知名律师打官司。以上一系列事件使新加坡原本较为和睦的种族关系掀起了波澜。难怪有人说，"在这样一个实际由华人统治，又有着相当比例马来穆斯林少数种族的社会里，宗教和种族问题太过敏感，不宜被讨论。"②

这些现象同时表明，新加坡各族群间，尤其是马来人和华人之间，还存在着隔阂和互不信任。新加坡的族群和谐面临着前所未有的严峻考验。正如当时的总理吴作栋所言，"9·11"事件之后，他很担心新加坡的社会凝聚力受到冲击。而"伊斯兰祈祷团"的本地成员被内部安全局逮捕的事件，更凸显新加坡必须巩固种族与宗教和谐的基础。③

---

① 《联合早报》（新加坡），2002年10月15日。
② "Singapore Country Report"，July，2004，p.1.
③ 《联合早报》（新加坡），2002年1月30日。

面对突如其来的局势,新加坡政府一方面加强国人应付恐怖主义威胁的思想准备,以免新加坡一旦遭恐怖袭击会出现族群关系紧张的局面;另一方面下大力气加强各族之间的互信和凝聚力,尽最大努力化解非穆斯林对伊斯兰教社群的猜疑和顾忌。在上述事件发生后,吴作栋提醒新加坡民众:"大部分国人是非穆斯林,但如果毫无根据的猜疑影响他们对待伊斯兰教社群的态度,将让穆斯林心怀怨恨,令当中一些人转而对抗这个社会。同样的,新加坡穆斯林如果开始排斥其他种族人士,便会减少和外族的交流。如果穆斯林允许极端主义蔓延开来,更会加深其他种族的不安。"①

与此同时,新加坡的各级官员也纷纷促请其他非穆斯林的族群要正确看待事件的本质,不要错怪整个马来族群。如总理公署部长兼全国职工总会秘书长林文兴呼吁非穆斯林的资方不要对伊斯兰教徒心存偏见,在对待穆斯林和非穆斯林时不要存有双重标准。政府还警告国内新闻媒体禁止使用对穆斯林有歧视或不恭的新闻词语,如"伊斯兰恐怖主义"。政府的及时表态对处于不安中的马来人起到了一定的安抚作用。

针对"9·11"事件以来国内出现的一系列危机,尤其是马来人不被信任的危机,政府敏锐地感觉到了所面临的挑战,开始积极调整政策以适应新变化。一直被高调宣扬的儒家思想逐渐偃旗息鼓,以一种更加隐蔽的方式发挥作用,以此避免对心存芥蒂

---

① 《联合早报》(新加坡),2002年10月15日。

的马来人敏感神经的刺激。新加坡政府开始积极摸索在新世纪、新情况下更适合整合新加坡国内各种族的国家认同思想。为了从更深的层面上消除马来人与其他种族的误会和猜疑，促进他们与其他种族的和谐共处，新加坡政府重新规划了治国理念，经过一段时间的酝酿，"再造新加坡"的理念应运而生。

"再造新加坡"的两个重要理念是爱国意识和种族融洽。爱国意识即在"新生代"占主体的社会里，增加公民的国家认同，培养他们的忠诚感，将他们的根牢牢地扎在新加坡。至于种族融洽，这是一个一直在不断思考的问题，事关怎样将民众把对国家的认同和对种族的归属感结合在一起，创造一个安定的政治环境。[①]"再造新加坡"理论已成为新加坡在新形势下尤其是21世纪头20年里处理种族问题的行动纲领。

在"再造新加坡"的指导下，新加坡政府制定了以加强种族沟通和种族交往、注重种族参与为核心内容的族群互信政策。许多针对马来人的具体政策都是在该理论的指导下实施的。2002年1月28日，吴作栋提出了在新加坡建立"族群互信圈"的初步设想。每个"互信圈"将出选区里的不同族群、各种宗教的信徒、社区以及教育与商业组织的领袖组成。他们的最大任务是通过各种有助于促进种族交往与沟通的方式，加深各族及宗教信徒间的感情，避免恐怖行动等外来因素破坏新加坡的社会和谐。之后，多个选区的"族群互信圈"陆续成立。到了该年7月底，新加坡

①周伟：《"再造新加坡"及其对我们的启示》，载《理论前沿》2004年第4期。

的所有选区都有了自己的"族群互信圈"。这些互信圈在各自的选区里又相继成立了促进种族交流的和谐圈。"从积极意义看，'族群互信圈'是增进国人相互了解的机会；也是一个坦白说出彼此感受的基础架构，要求各族群跨前一步，主动而有意识地促进交往与沟通，目标是明确的。"①

"族群互信圈"在2007年9月又改名为"全国族群与宗教互信圈"，以便更好地反映族群互信圈在促进不同族群与宗教和谐时所扮演的角色。新加坡由政府机构设立族群互信圈之后，又在民间设立了"族群和谐圈"，这些组织虽然是非正式的，但却起到了加强交流与对话、维护种族稳定的作用，可以被视作一种种族交流的长远健康机制。"这样的机制在我们遭到恐怖袭击的非常时期是很重要的。如果宗教领袖和社区领袖能建立起良好的关系，一旦出现种族情绪，大家就能同心协力地予以谨慎处理，使之不会失控。而各族间对彼此的信心，也会很快恢复。"②

"9·11"事件之后新加坡的马来种族政策，彰显了新加坡政府对时局高超的掌控能力和化解危机的果敢魄力。新加坡政府在此次危机中所表现出的情绪之冷静、反应之敏捷、计划之周详、作风之务实、管理之有序、效果之明显都值得赞赏。经过世纪之交的动荡，新加坡政府在应对危机事件的过程中也对20世纪的马来种族政策进行了认真思考，并因此提出了"再造新加坡"

①《联合早报》（新加坡），2002年2月1日、2月9日。
②《联合早报》（新加坡），2002年1月30日。

这一核心理论。在此理论指导下，新加坡政府通过成立多个组织、出台宗教声明、实施"社区参与计划"等一系列措施，大力加强族群间的互信建设，再次将马来人与华人如何和谐相处的问题提到了前所未有的高度，以一种更为理性的态度和务实的做法来化解种族一体化进程中出现的种种摩擦，运用全新的理念来应对新世纪新加坡在种族和谐问题上出现的各种挑战。在"再造新加坡"理论指导下的族群互信建设政策，经过几年的运行，在实践中已取得了良好的效果，马来人充满疑虑和不安的心态逐渐从"9·11"事件给新加坡种族关系造成冲击的阴霾中调整了过来，他们又开始以一种全新的姿态迎接新加坡美好的未来。

随着经济的发展，新加坡逐渐涌入了诸多南亚裔移民，新移民的增多，增加了新加坡社会管理的困难，增加了不稳定因素。2013年12月8日晚间，连街头示威都罕见的新加坡发生了一次不大不小的暴乱，警方迅速平息了暴乱，逮捕了27名印度裔的肇事者。英国媒体《金融时报》称8日的暴乱活动给新加坡长期拥有的"全球最安全城市"的称号蒙羞。据《金融时报》12月9日报道，一名来自印度的33岁男子在8日晚上9点23分遭一辆私人巴士撞死，导致"小印度"社区发生骚乱。"小印度"是早期印度移民在新加坡生活的族裔社区，有超过100万的印度、孟加拉以及中国大陆的外国劳工在此居住。据当地媒体报道称，愤怒的人群大约有400人，他们大部分是外国劳工。骚乱者围堵肇事的公共汽车，追赶新加坡司机以及警车，5辆警车以及1辆救护车被损坏。

骚乱发生在人民行动党年度的政治会议期间，在这次会议上，执政党领导人发布了"新加坡目标和愿景决议概述"。新加坡总理、人民行动党领导人李显龙宣称："我们必须保持新加坡是所有人种能够和平以及和谐生活的家园。"警方平息暴乱后在9日凌晨1点30分召开记者会，将事件列为"持武器的严重暴乱"，明示其造成了人员的受伤以及公共财产的损失。李显龙总理在"脸书"（Facebook）上表示，无论什么原因都不能构成进行这一暴乱以及进行破坏和犯罪行为的理由，他表示会严厉处罚作乱者，同时也促请所有新加坡人保持冷静。

当然，这起骚乱只是新加坡长期以来稳定和谐的一段小插曲。据新加坡《联合早报》报道，2013年9月，由种族和谐资源中心与新加坡政策研究院联手发表了一份调查报告，这是新加坡独立以来的第一个关于种族关系的科学的调查报告。该调查报告显示，不管是在公共领域如职场和社区，还是在私人社交圈子，受访者都觉得自己与土生异族相处比与新移民相处来得自在。其中96%的受访者表示可以接受本地华人为同事，93%的人表示可以接受本地的马来人、印度人或欧亚裔为同事，但对中国、印度或周边地区新移民的接受程度却要低得多，分别为84.9%、85.5%和87.6%。受访者包括4000多名新加坡公民与永久居民。

关于私人生活空间和社交圈，六成非华族能接受跟本地华族通婚，但不到一半（47.6%）受访者能接受跟中国新移民通婚。在选择亲密好友方面，受访者对土生异族和外来新移民明显亲疏有别，跟本地生长的异族成为好友，比跟来自中国、印度或周边地区的新移民成为好友来得自在。91.5%受访者对跟本地华人成为好朋友感到自在，84.7%的受访者愿跟本地马来人成为密友，83%的受访者愿跟本地印度人成为好友，85.5%的受访者愿跟本地欧亚裔交往，但只有77.4%受访者表示跟中国新移民为友时感到自在。愿跟印度新移民成为好友的占74.6%，愿和周边地区马来族新移民为友的是78.1%。

调查也显示，93.8%的受访者能接受本地华人当上司，83%接受本地马来人、84%接受本地印度人、91%接受欧亚人当上司，但只有74%接受中国新移民、73.7%接受印度新移民为上司。如果是作为雇员，虽然新旧移民之间的接受程度还是有差距，但差距相对小，例如近95%的人能接受本地华人为下属，而接受中国新移民为员工的是83%。

在接受不同宗教信仰的人为同事方面，民众的自在度都在90%以上，例如对佛教徒是96.9%、穆斯林94%、天主教徒95.2%、基督教徒94.7%、道教徒94.6%、印度教徒92.6%和锡克教徒91.3%。不管是作为同事（96.9%）、上司（96.4%）、雇员（96.8%）、邻居（96.7%）还是人口大多数（92.5%），人们接受佛教徒的自在程度最高。

调查报告强调了调查凸显的三大特点：首先，种族和谐不仅仅是种族容忍，它应以互相尊重、了解、信任和建立跨族群友谊为基础；其次，调查所创立的新指标让新加坡有了科学的坐标来衡量种族、宗教关系；第三，这项调查凸显了政府在处理这一问题时的优势与不足之处，让政府可以更好地检讨自己的种族态度、政策和计划等，以更好地维系和发展族群关系。

结　语

从政治学的角度来看，价值观发挥着意识形态和政治文化的双重作用。具有成熟价值观的公民对于一个社会的良性发展具有重要作用。[①]国家价值观在发挥着国家意识形态的功效的同时，渗透到普通民众的日常生活中，成为一种主流政治文化。意识形态发挥一种夺取和巩固权力的作用，任何一种政治制度都需要意识形态的支撑。"一种意识形态源自这样一种信念，即事物能够比现在的状态更好，它实质上是一种改造社会的计划"，"当理念变得更加实用、更为现实，意识形态就成为一个重要的凝合剂，能够把各种运动、党派、革命团体都聚合起来"。[②]

如果说意识形态主要出现在运动、党派、革命团体斗争的前沿，那么，政治文化就主要体现在人们的日常生活中。"政治文化是政治关系的心理的和精神的反映，它是人们在社会政治生活

---

①成云卿：《双重视角下的公民教育之路：新加坡的例证及其启示》，载《安顺学院学报》2009年第5期。

②[美]迈克尔·罗斯金等：《政治科学》，第104—105页，北京：华夏出版社，2001。

中形成的对于政治的感受、认识和道德习俗规范的综合。"①阿尔蒙德认为，"政治文化是一个种族在特定时期流行的一套政治态度、政治信仰和感情，它由本种族的历史和当代社会、经济和政治活动进程所促成"②。在日常生活中，政治文化一般以一定的政治认知或意识、政治价值观念、政治信仰、政治情感、政治态度等形式表现出来。对一个政治制度来说，意识形态和政治文化都是非常重要的，两者可以形成互相补充和协调的局面。在获取政治权力、建立政治秩序的时候，意识形态的斗争更加明显和突出。随着政治制度的确立和巩固，意识形态就要适时变迁，以适应发展变化了的环境。

国家价值观的理想状态是能够融合意识形态和政治文化，具有它们的双重功能。这种价值观既可以作为文化斗争的工具，具有国家意识形态的功能，并能够随着时代的变迁而变迁；同时又带有鲜明的生活气息，能够融入人们日常生活中，成为社会和谐的纽带。新加坡的共同价值观既体现出人民行动党执政的需要，又从新加坡社会的现实出发，成为一种具有凝聚力的政治文化。

国家总是和国民联系在一起的，国民的价值观决定着国家的价值观，国家的价值观反过来又引导和影响着国民的价值观。国民的信念、信仰是个大问题，在某种程度上决定着国家的软

---

①王浦劬：《政治学基础》，第205页，北京：北京大学出版社，2005。
②[美]阿尔蒙德·鲍威尔：《比较政治学：体系、过程和政策》，第29页，上海：上海译文出版社，1987。

实力，越能体现人类共同价值观的国家，软实力越强。英国学者认为，全球化时代政府的主要职责是滋育健全的国民性，提升国家软实力。滋育健全的国民性，培育和践行共同价值观是国民认同的重要而关键的一环。在这方面，新加坡建国一代的愿景对国家认同建设具有参考价值。在这个被称为"兼存东西方、汇合百家文、流传千国语、容纳万种教"的多元文化的国度里，多元文化历经磨合、碰撞、再生及共存的嬗变过程，在培育、发展共识和认同中良性互动，进而实现了在"共同价值观"引导下多元文化的平等与尊重、圆融与和谐，最终构建起"一体多元"的国民体认模式，推进了和谐社会的生成与发展，使新加坡成为"东南亚各新兴国家中政治最清廉稳定、经济最繁荣进步、社会最和谐安定的国家"，并赢得了世界各国的公认与赞赏。

新加坡是当今世界第一个以国家白皮书形式提出共同价值观的国家，实施20多年来，取得了理想效果。[1]1966年推出的国家信约及1991年公布的《共同价值观白皮书》，虽然是由上而下的顶层设计，但它们也反映了国人对未来理想社会的期待与追求。国家共同价值观的成功构建与培植增强了国民对国家的认同感，使国民对国家充满信心。不少全国性社会调查结果验证了这一点，如1994年新加坡国立研究院做的一份调查显示，84%的受调查者为作为新加坡人感到非常自豪，有超过70%的

---

[1]王俊华：《新加坡共同价值观的建设及启示》，载《上海市社会主义学院学报》2011年第2期。

人对新加坡非常有信心。1996年，新加坡电视机构和美国盖洛普公司联合对全国525名各阶层人士进行的民意调查结果显示，66%的人认为国家更加团结了，90%的人对新加坡的前途充满信心。[①]1999年，新加坡南洋大学对990名新加坡人的问卷调查显示，90%的人自认为是"新加坡人"，74%的人愿意为新加坡而战并付出生命。[②]它山之石，可以攻玉，新加坡共同价值观的建设经验值得借鉴。

中国改革开放30多年来，要问及带来的变化，人们通常都会首先提到经济和社会生活的巨大变化，但要问最深刻的变化是什么，恐怕却是人的变化。无论是市场经济格局的形成，还是社会结构的变迁，都是人创造的。但是要问中国人究竟变成怎样了，则是褒贬不一，模糊不清。过去判定"中国人"是件很容易的事。"中国人"曾是地球上最容易辨认的一群人，他们写着方块字，吃着中国菜，黑头发、黄皮肤，勤劳、实在和质朴；但随着中国的巨变，过去为人熟悉的形象日渐模糊，似乎变得很复杂。尽管全球化浪潮冲刷着国界，人们的行为方式趋同，但国民性却越来越成为软实力竞争的核心。作为转型中的国家，中国在许多领域都是所谓的"非典型国家"：在经济领域，中国的市场经济虽经30多年发展，但尚未达到完全成熟的程度；在社会和政治领域，虽已基本摆脱苏联模式的桎梏，公民社会清晰可见，民众享

---

①鲁虎：《新加坡》，第109页，北京：社会科学文献出版社，2004。
②Chiew Seen Kong，"National Integration: The Case of Singapore", in Peter Chen and Hans-Dieter Evers, eds, Studies in ASEAN Sociology, Singapore, Chopmen Publishers, 1999, p.145-146.

有的各种自由均非历史上任何一个社会主义国家可以相比，但距离一个法治、多元、均富、开放的社会则还比较远；在思想观念领域，虽然体制改革是过去30年留下的最大问题，但比体制改革更难的问题则是人们在某些领域里观念的改变或进步，更重要的是，中国崛起并未同时伴随种族精神世界的树立和成熟；经济的迅速发展和国民精神世界的茫然和未开垦，在改革开放三十年后的今天形成了一个巨大的反差。

中国道路需要中国价值，走中国特色社会主义道路，就有必要提炼、培育、践行中国特色社会主义核心价值观。在中国这样一个种族构成多样、文化历史悠久、地缘政治复杂的大国，实现认同整合更是一个全方位、系统性的工作，除了经济手段、政治手段、社会手段等的综合运用之外，还尤其需要通过价值观构造有力的精神黏合力量，在深层次上推进认同整合。中国正处于改革发展的重要时期，社会从单质化向多质或异质化转型，各种思想文化在激荡，人们思想的独立性、多元性、差异性显著增强。中国要建立有效的制度和秩序，弘扬民族精神和增强国家凝聚力，协调政治文明、精神文明、物质文明、生态文明的发展，都离不开核心价值观的维系和支撑。在这个意义上，中国特色社会主义核心价值观建设任务的提出是我们在时代发展新阶段中对社会治理方式和社会发展规律的更自觉的把握，也是走"中国模式"发展道路的核心任务和基础工程。在今日中国全方位部署社会发展的思路中，经济发展速度等硬实力和思想文化等软实力、物质建设和精神建设、社会政治秩序和理论文化建构、文化生态和共同价值观、公民素质与国家精神等，一个都不能少。①

综观新加坡共同价值观的构建、培植和践行历程，以下几点值得我们注意：

1. 问题导向，过程参与。新加坡共同价值观的构建正是基于新加坡所面临的经济、社会、文化等一系列问题，并且正是应这些问题的挑战而提出了这五条价值观的框架。另外，吴作栋副总理提出后，黄金辉总统对其进行了完善，并正式提交国会辩论、听证，媒体吸引全社会讨论，经过进一步完善后由国会发布。这种问题导向、领袖提出与完善、国会辩论并通过的建构路径值得借鉴。正是这种以国家所面临的重大现实问题为导向，建构过程全程由领导人、议会和媒体甚至民众参与的模式，为共同价值观的培植与践行提供了合法性，树立了宣传和教育的权威。

改革开放以来，随着我国经济体制的变革、社会结构和利益格局的多元调整以及思想观念的深刻变化，各种传统的观念被打破，同时出现了国家、社会和个人的价值观危机。社会转型时期价值观的多元化导致了价值冲突，"既有传统价值观念与现代价值观念的冲突，也有本土价值观念与外来价值观念的冲突；既有不同利益集团之间的价值冲突，也有个人内心的价值冲突"②。例如，由于市场经济突出强调个人利益和功利意识，具有自我生存与扩张、追求利润最大化的特性，因此许多人变得无所适从，

①葛晨虹：《共同价值观：超出想象的国家力量》，载《道德与文明》2013年第1期。
②兰久富：《社会转型与价值冲突》，载《北京师范大学学报（社会科学版）》1999年第3期。

丢掉了传统的道德模式，但新的道德并没有建立起来，就出现了整个社会的道德危机。像近些年出现的地沟油、瘦肉精、毒馒头、小悦悦事件等等，这不能不引起我们的深刻反思，我们不可以继续抱着事不关己的态度，对社会道德水平的下降熟视无睹。实际上，这与新加坡经济发展起来后的价值观一度出现的混乱非常相似。

面对价值观多元化这一现象，我们在一些方面或一定程度上可以借鉴新加坡的经验。我们可以加强对价值观多元化的整合，通过建构社会主义核心价值观来引导人们各种繁杂的价值观。阿尔都塞说："任何一个国家如果不在掌握政权时对意识形态国家机器并在这套机器中行使领导权的话，那么它的政权就不会持久。"[①]在价值观多元化的时代背景下，核心价值观已是兴国之魂，无论是全面建成小康社会也好，打胜全面深化改革攻坚战也好，都必须用全党、全社会普遍认同的核心价值观来凝聚共识、凝聚力量。2012年党的十八大报告对社会主义核心价值观进行了系统的阐述，形成了从国家、社会、个人三个层面，用12个词组、24个字加以说明的组合式表达方式。这个核心价值观高度凝练出国家气质、社会面貌和公民追求，可以说是我们国家发展进程中一个带有指标意义的成果。但其中的问题是参与的路径还应更明确，现在公民参与还不够充分，且应将其上升为国家意志进行培育和践行。

[①]陈越：《哲学与政治——阿尔都塞读本》，第338页，长春：吉林人民出版社，2003。

2. 找准支点，抓好宣教。新加坡共同价值观受到广泛认可，还有一个重要因素值得注意，那就是它在积极倡导国家和社会优先的前提下，注重个人、家庭、社区、种族和宗教的凝聚，落到实处，使得共同价值观不是停留在概念层面，而能具有比较好的可操作性。在新加坡的共同价值观落实的过程中，没有过高的理想和不切实际的要求，而只是将一些最基本的，也是最重要的，且人人都必须遵守、人人都能做到的要求提出来，它强调"共同"，即不分种族、阶层、宗教信仰，所有的国人都必须共同遵守，没有对国民进行先进和落后的区分，因而具有极大的广泛性、普遍性。此外，在表述上，共同价值观主题鲜明，文字洗练，通俗易懂，让人过目不忘，容易深入人心。我国的社会主义核心价值观在核心价值体系的基础上，经过提炼形成了更为精干简练、层次明确、内容丰富的表达，提出后已在全党全国形成了较好的反响。当然，我们的核心价值观仍有一个取得广大民众共识的问题，要进一步解释它的内涵，使民众都理解和认可这些内涵。同时，也要抓好社会主义核心价值观的宣传和教育，应该创新宣教方式，积极运用电视、网络包括微博、微信等新媒体宣传核心价值观，通过各种身体力行的参与方式让人民广泛参与，这样才有利于将其内化。

3. 政府推动，国民响应。从新加坡的经验来看，共同价值观一旦提炼和发布，正如前述，政府的推动、领袖的示范和国民的响应是其得以生根发芽的"三部曲"。我们培育和践行社会主义核心价值观，也应采取"三部曲"的方式。当然，这是一个长期的过程，不可能毕其功于一役，而是要在国家、社会和个人层面上都持之以恒地不断用实际行动践行核心价值观，内化于心，外化于行。全面深化改革，完善和发展中国特色社会主义制度，推进国家治理体系和治理能力现代化，必须解决好价值观问题，必须在全社会大力培育和弘扬社会主义核心价值观，掌握价值观念领域的主动权、主导权、话语权，引导人们坚定不移地走现代化的中国道路。

图书在版编目（CIP）数据

新加坡熔铸共同价值观："移民国家"的立国之本 /
李路曲，肖榕著. —长沙：湖南人民出版社，2016.9
ISBN 978-7-5561-0796-4

Ⅰ.①新… Ⅱ.①李…②肖… Ⅲ.①思想政治教育
—研究—新加坡 Ⅳ.①D733.94

中国版本图书馆CIP数据核字（2016）第220686号

新加坡熔铸共同价值观："移民国家"的立国之本

作　　者：李路曲　肖　榕
出 版 人：谢清风
责任编辑：彭富强
监　　制：于向勇　马占国
策划编辑：秦　青
特约编辑：张　卉
营销编辑：刘晓晨　罗　昕
装帧设计：崔振江

出版发行：湖南人民出版社[http://www.hnppp.com]
社　　址：长沙市营盘东路3号
邮　　编：410005

印　　刷：三河市鑫金马印装有限公司
版　　次：2016年10月第1版
　　　　　2016年10月第1次印刷
开　　本：640mm×960mm　1/16
印　　张：16.5
书　　号：ISBN 978-7-5561-0796-4
定　　价：35.00元

质量监督电话：010-59096394
团购电话：010-59320018